Herausgeber: Polyglott-Redaktion
Autor: Günther Wessel
Lektorat: Dorothee Knabe
Gestaltung: Illustration & Graphik Forster GmbH, Hamburg
Karten und Pläne: Gundula Hövelmann
Titeldesign-Konzept: V. Barl
Realisation: Studio Wolf Brannasky
Umschlagmotiv: Blick auf Kröv

Ergänzende Anregungen, für die wir jederzeit dankbar sind, bitten wir zu richten an:
Polyglott-Verlag, Redaktion, Postfach 40 11 20, 80711 München.

Alle Angaben wurden sorgfältig geprüft. Dennoch kann eine Gewähr für Vollständigkeit und Richtigkeit nicht übernommen werden.

Zeichenerklärung

- Information
- Flugverbindungen
- Eisenbahnverbindungen
- Busverbindungen
- Schiffsverbindungen
- Campingplatz
- Bergbahn
- Öffnungszeiten
- Telefonnummer
- Faxnummer
- Hotel
- $$$ DZ pro Person über 120 DM
- $$ 80 bis 120 DM
- $ unter 80 DM
- Restaurant
- $$$ Menü über 40 DM
- $$ 20 bis 40 DM
- $ unter 20 DM

Routenpläne

- Route mit Routenziffer
- Autobahn, Schnellstraße
- sonstige Straßen, Wege
- Staatsgrenze, Landesgrenze
- National-, Naturparksgrenze

Stadtpläne

- Durchgangsstraße
- sonstige Straßen
- Fußgängerzone
- Fußweg

Erste Auflage 1996

Redaktionsschluß: Oktober 1995

Printed in Germany
Gedruckt auf chlorfrei gebleichtem Papier
ISBN 3-493-62616-9

Polyglott-Reiseführer

Die Mosel

Günther Wessel

Polyglott-Verlag München

Allgemeines

Editorial . . . . S. 7
Burgen, Wein und Römerspuren . . . . S. 8
Geschichte im Überblick . . . . S. 16
Kultur gestern und heute . . . . S. 18
Aus Küche und Keller . . . . S. 22
Urlaub aktiv . . . . S. 24
Reisewege und Verkehrsmittel . . . . S. 26
Unterkunft . . . . S. 28
Praktische Hinweise von A–Z . . . . S. 94
Register . . . . S. 95

Städtebeschreibungen

Koblenz **S. 29**

Wer den Rhein und die Mosel liebt, der muß sich in Koblenz nicht entscheiden: Er kommt nicht nur beim Wein beide Male auf seine Kosten.

Trier **S. 37**

Die römische Weltstadt lockt mit einer Überfülle von Kunstschätzen aus zwei Jahrtausenden. Dennoch ist sie kein Museum, sondern eine lebendige Großstadt.

Routen

Route 1

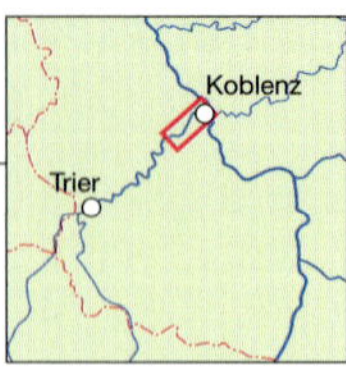

Am Unterlauf von Koblenz bis Cochem **S. 48**

Der Beginn der Moselromantik: Weingärten klettern die Hänge hinauf, ein Abstecher führt zu Deutschlands berühmtester Feste - der Burg Eltz.

Route 2

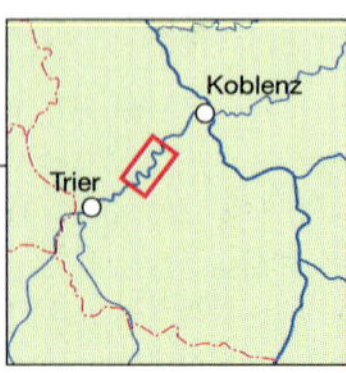

Wein und Burgen im Überfluß **S. 58**

Hier schlägt die Mosel Kapriolen, in großen Schleifen windet sie sich durch das enge Tal. Für Weinfreunde ist hier das Paradies, wachsen doch an den steilen Lagen die besten Tropfen.

Routen

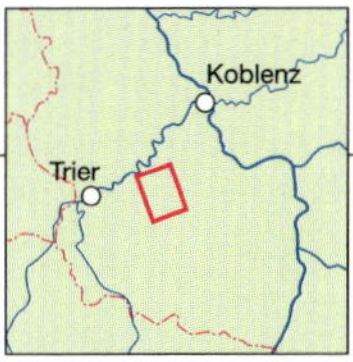

Route 3 **Vom Wein zu den Edelsteinen** **S. 70**

Hinauf auf die Hunsrückhöhen geht es auf den Spuren des Schinderhannes . . . bis nach Idar-Oberstein, in Deutschlands Edelsteinzentrale.

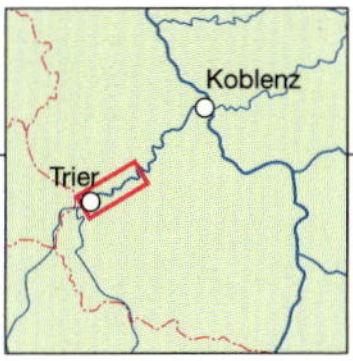

Route 4 **Weiter entlang der Moselschleifen** **S. 78**

Vom romantischen Bernkastel-Kues bis nach Trier folgt Weinort auf Weinort; hier finden sich aber auch zahlreiche Zeugnisse der Römerzeit.

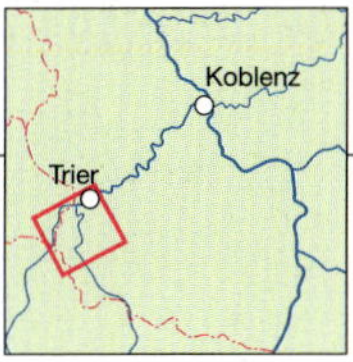

Route 5 **An Mosel, Saar und Ruwer** **S. 86**

Saar und Ruwer sind die kleineren Schwestern der Mosel. Ein Besuch der dortigen Weinberge und Winzer sowie der Saarschleife rundet die Moseltour erst richtig ab.

Bildnachweis

Alle Fotos Bildarchiv PANDia/Ralf Freyer, außer: Archiv für Kunst und Geschichte, Berlin: 17/1-2, 45/3, 77/3. Dietlind Castor: 9, 13/1, 27/2. Bernd Helms: 21/3, 27/3, 45/1, 63/3, 65/3, 67/3. Dieter Schinner: 7/2, 39/1-2, 41/3, 47/2-3, 55/3, 57/2, 61/3, 63/2, 65/2, 69/3, 83/2. Dieter Stroh: 59/1, 61/3, 63/1, 69/2, 65/1. Günther Wessel: 19, 53/3, 93/3. IFA/Siebig: Umschlag (Bild). Superbild/Bernd Ducke:Umschlag (Flagge).

Editorial

„Du Strom, dich umrahmen weintragende Höh'n, wo Bacchus läßt reifen schönduftenden Wein. Und grüne Ufer umrahmen dich, du Strom, der ganz in Grün getaucht." So pries Decimus Magnus Ausonius (310–393) den Fluß Mosella. Ähnlich rühmt auch heute die Fremdenverkehrswerbung das Tal des größten Rhein-Nebenflusses: als perfekte Ferienidylle. Aber diese Idylle ist trügerisch. Die Mosel ist nicht das letzte Paradies. Der Flußlauf wurde schiffbar gemacht, und die Industrien in Frankreich und Deutschland haben die Wasserqualität nicht unbedingt verbessert . . . Zwar ist das Moseltal kein Paradies, aber ein lohnendes Feriengebiet. Dafür sorgt nicht nur der Fluß, der sich in engen Schleifen und Windungen seinen Weg durch das Schiefergebirge gebahnt hat. Auch wertvolle Kulturschätze tragen ihren Teil bei: In keiner anderen Region nördlich der Alpen haben die Römer so viele Zeugnisse ihrer Kultur hinterlassen, kein Landstrich wurde so stark von ihnen geprägt. Sie brachten den Weinbau an die Mosel und gründeten die wichtigsten Städte. Auch die Nachfahren der Römer hinterließen Spuren. Das christliche Mittelalter schuf unter Führung der Trierer Erzbischöfe eine Fülle von Kirchen und Klöstern, ebenso wie Zeichen weltlicher Macht. Burgruinen überragen nahezu jede Moselbiegung und jeden der malerischen Ortskerne. Fachwerkbauten säumen die Ufer, und enge Gassen führen auf Märkte und Kirchplätze zu. Die Vermischung alter Kulturen, aber auch die Flußlandschaft und natürlich nicht zuletzt der Wein machen den Reiz der Mosel als Urlaubslandschaft aus.

Hoch über der Mosel thront die Cochemer Reichsburg

Ein Zeugnis römischer Kultur: die Kaiserthermen zu Trier

Der Autor

Günther Wessel
Geboren 1959, lebt in Köln. Freiberuflicher Reisejournalist mit Schwerpunkt auf deutschen und südamerikanischen Themen.

Burgen, Wein und Römerspuren

Lage und Landschaft

Die Mosel ist der größte Nebenfluß des Rheins. Sie entspringt am Westhang der südlichen Vogesen und mündet nach etwa 545 km bei Koblenz in den Rhein. In Deutschland trennt der etwa 240 km lange Flußlauf zwei Mittelgebirgslandschaften voneinander: die Eifel und den Hunsrück – die beiden linksrheinisch gelegenen Teile des Rheinischen Schiefergebirges.

Charakteristisch für den Moselverlauf sind zahlreiche Kurven und Windungen. Die meisten davon liegen zwischen Trier und der Mündung in Koblenz, genauer gesagt zwischen Schweich und Cochem. So beträgt die Entfernung zwischen der Saarmündung und Koblenz etwa 100 km Luftlinie, der Fluß legt aber 190 km zurück, also fast die doppelte Strecke. Wie ein Reptil schlängelt sich das blau-schwarze Wasserband durch die steilen Hänge. Einige dieser Windungen gleichen Haarnadeln, gelegentlich entsteht der Eindruck, die Mosel würde ihren Lauf einfach umkehren. An den Windungen liegt meist ein Steilhang einer flachen Böschung gegenüber. Das Wasser spülte in Jahrmillionen auf seiner „Aufprallseite" die steilen Hänge heraus – weswegen die Steilhänge auch Prallhänge genannt werden – und lagerte das herausgespülte Gestein auf der gegenüberliegenden Seite ab.

Die südlichen Hänge, egal ob steil oder flach, sind seit Jahrhunderten mit Wein bepflanzt, auf den nördlichen wächst meist Wald oder Buschwerk. Häufig reichen die Weinhänge bis dicht an den Fluß heran, denn wo gute Lagen wachsen, muß jeder Zentimeter Bodenfläche genutzt werden. An den Steillagen wird der Wein auf Terrassen angebaut. Zahlreiche Nebenflüsse münden in die Mosel. Die größten auf der Eifelseite sind Kyll, Salm, Lieser, Alf und Elz, von Süden kommen Saar und Ruwer, an deren Hängen ebenfalls Wein angebaut wird, sowie die Dhron, der Baybach und der Ehrenbach.

Die Mosellandschaft ist eine alte Kulturlandschaft. Bereits die Römer betrieben hier Weinbau. Viele Winzergenerationen arbeiteten auf den Terrassen, die heute so charakteristisch für die Mosellandschaft sind, und die es erst ermöglichten, die Reben an den besten Hängen anzupflanzen. Immerhin sind die Moselhänge die steilsten Weinhänge Europas.

Klima und Reisezeit

In den warmen Monaten wirkt die Moselregion geradezu mediterran. Die Südhänge sind fast den ganzen Tag der Sonne ausgesetzt; wegen der engen Flußschleifen gibt es kaum einen Luftzug. Der schwarze Schiefergrund speichert zudem die Hitze, und auch der Fluß selbst wirkt als Wärmespeicher.

Das sogenannte maritime Großklima wird durch die unterschiedlichen Geländeformen im Moseltal stark beeinflußt. Während im Tal ein Schonklima herrscht, ist die Wetterlage auf den Höhen der Eifel und des Hunsrück nicht so beständig und erst recht nicht so mild. Wer zur Mosel und auf die Höhen reist, sollte daher mit wechselhaftem Wetter rechnen. Die beste Reisezeit liegt zwischen Frühjahr und Herbst. Besonders beliebt sind Spätsommer und Herbst, wenn das Moseltal in goldenes Licht getaucht ist und vielleicht schon die Weinlese begonnen hat.

Natur und Umwelt

Natur in ungebändigter Form wird man im Moseltal wenig finden. Sie ist meist gezähmt, es wurden Weinberge und

Wald angelegt, und auch der Flußlauf selbst wurde „dressiert“ und begradigt. Die Moselregion ist eine durch und durch vom Menschen gestaltete Landschaft. Auf den Artenreichtum wirkte sich das negativ aus, dennoch finden sich besonders in den unterholzreichen Laubwäldern der Moselhöhen seltene Pflanzen wie Fingerhut und Königskerze. Das milde Klima begünstigt nicht nur den Weinbau, sondern die gesamte Flora. Die Franzosen führten Weiden und Pappeln ein, die heute vielfach das Flußufer säumen, Obstbäume wachsen nahezu überall. In manchen Orten reifen sogar Orangen und Kiwis! Mit etwas Glück kann man kleinere Raubtiere wie Fuchs und Iltis beobachten, Eidechsen sonnen sich in den Weinbergen auf den Schieferhängen, ebenso die harmlosen Blindschleichen. Kleinere Raubvögel wie Bussard und Milan sind nicht selten zu sehen. Die Mosel ist dank ihrer Staubecken auch ein Paradies für Wasservögel. Unterhalb der Stauwehre – dort, wo das Wasser schneller fließt – kann man Forellen fangen.

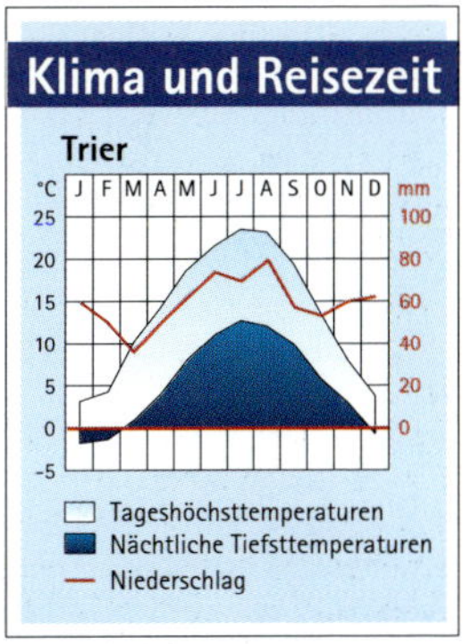

Ein entscheidendes Datum für den heutigen Zustand der Mosel war der 27. Oktober 1956. An diesem Tag schlossen die Bundesrepublik Deutschland, Luxemburg und Frankreich einen Staatsvertrag, mit dem ihr Ausbau zum Großschiffahrtsweg, zur industriellen Wasserstraße, festgelegt wurde. Der damalige Bundeskanzler Konrad Adenauer setzte das Projekt in Deutschland gegen den Widerstand einer breitgefächerten Opposition aus Wirtschaftsfachleuten, Verwaltungsbeamten, Regionalpolitikern und Umweltexperten aller Parteien durch.

Blick von der Burg Landshut über Bernkastel-Kues

Der Vertrag war nämlich auch ein politischer Preis für die Rückgabe des Saarlandes von Frankreich an Deutschland. 800 Millionen DM wur-

Moselhochwasser

Inzwischen hat man sich an die Meldungen und Bilder fast gewöhnt: Jahr für Jahr tritt die Mosel über ihre Ufer und überschwemmt zahlreiche Orte an ihrem Unterlauf. Bernkastel-Kues, Alf, Cochem, Burgen und Teile von Koblenz stehen regelmäßig unter Wasser. Der Schaden geht ebenso regelmäßig in die Millionen. Moselhochwasser hat es zu allen Zeiten gegeben. In vielen Orten finden sich alte Hochwasser-Rekordmarken an den Häusern. Im Winter fallen in den Vogesen, dem Hunsrück und der Eifel große Mengen an Niederschlägen, und nach der Schneeschmelze kam es früher hin und wieder zu großen Überschwemmungen. Trat in Trier die Mosel über ihre Ufer, so erreichte die Flutwelle sechs oder sieben Stunden später Traben-Trabach und weitere zwei bis drei Stunden später Zell.

Waren die großen Hochwasser früher eher selten, so treten sie mittlerweile nahezu turnusmäßig auf. In den letzten Jahren folgte ein Rekord auf den nächsten. Woher diese regelmäßigen Moselhochwasser stammen, ist inzwischen kaum mehr umstritten, auch wenn einige wenige die Überschwemmungen immer noch allein auf das Wetter zurückführen. Es ist ein ganzer Ursachencocktail, und die meisten Ingredienzen sind auf den Menschen zurückzuführen. Die beiden wichtigsten sind wohl die Uferbegradigung, die die Fließgeschwindung des Flusses erhöhte, und die Flurbereinigung innerhalb der Weinberge. Es wurden Feuchtgebiete trockengelegt, Böden planiert, Bäume und Sträucher herausgerissen, Bäche begradigt und die Wege in den Weinbergen asphaltiert. Kommt es heute zu starken Regenfällen, kann der Boden das anfallende Wasser nicht mehr speichern, und es sucht sich seinen Weg an der Oberfläche.

Die Hochwasserschäden der letzten Jahre gefährden mittlerweile die Existenz vieler Moselwinzer, Pensionsbesitzer, Gastronomen und Privatleute. Das Land Rheinland-Pfalz unterstützt die Hochwasseropfer mit großen Beträgen. Je nach Notlage wurden in den letzten Jahren 50 bis sogar 100 % der einzelnen Schäden aus der Landeskasse finanziert, für Gesamt-Rheinland-Pfalz waren es 1994 etwa 10 Mio. DM, davon ging der Löwenanteil an die Moselanwohner.

den „verbaut“, 14 Staustufen wurden zwischen dem lothringischen Thionville (deutsch: Diedenhofen) und Koblenz errichtet. 1964 war das Projekt vollendet, und mit einer Dampferfahrt von Apach nach Trier weihten Präsident Charles de Gaulle, Großherzogin Charlotte von Luxemburg und Bundespräsident Heinrich Lübke die neue Wasserstraße ein. Seither ist die Mosel für Schiffe bis zu 15 000 t Last und bis zu 170 m Länge befahrbar, und es existiert ein durchgehender Schiffahrtsweg mit dem Ausgangspunkt Rotterdam über Koblenz und Trier bis nach Thionville, dem Hauptort der lothringischen Schwerindustrie.

Optisch hat diese Schiffbarmachung die Mosel zwar verändert – 820 000 t Beton lassen sich eben nicht unbemerkt verbauen –, dem Fluß aber nach Aussage vieler Betroffener wohl nicht geschadet. Trotz der immer wiederkehrenden Hochwasser ist der Wasserstand der Mosel heute dank der Flußregulierung ausgeglichener. Und die Mosellandschaft ist vielerorten noch genauso romantisch wie ehedem. Die alten Flußauen aber existieren nicht mehr, vor den Staustufen haben sich künstliche Seen gebildet. Den Badegästen gefällt, daß sich dort das Wasser sehr erwärmt; auch Angler erfreuen diese Seen, gelten sie doch als ausgesprochen fischreich. Freude herrscht auch bei den Fremdenverkehrsämtern, da sie seit der Moselregulierung den Urlaubern auch Wassersport bieten können. Als negativer Posten bleiben bis heute die ökologischen Folgen. Welche Schäden an der Natur durch den Ausbau verursacht wurden, welche Schäden noch folgen werden, das ist immer noch nicht vollständig geklärt.

Bevölkerung

Das Moselgebiet wurde von Kelten, Römern und Franken besiedelt – so heißt es in vielen Büchern über die Region lapidar; aber in jedem blonden Moselaner mit blauen Augen heute eine Nachfahren der alten Kelten oder in jedem Schwarzhaarigen einen Urenkel der Römer zu vermuten, wäre ein wenig übertrieben, denn der Moselraum war immer ein Einwanderungsgebiet.

Die Sprache, das Moselfränkische, ist eine mittelfränkische Mundart; die Grenze zum nördlich anschließenden Ripuarischen verläuft quer durch die Eifel, die zum weiter südlich gesprochenen Rheinpfälzischen durch den Hunsrück. Zum Moselfränkisch gehört auch das Luxemburgische (Letzeburgische). Heute spricht aber kaum noch jemand den Dialekt in Reinkultur; geblieben ist vor allem die etwas gedehnte Sprechweise, besonders die langgezogenen Vokale. Im Weinbau finden sich natürlich zahlreiche moselfränkische Ausdrücke.

Weinland Mosel-Saar-Ruwer

„Spritzig, blumig, rassig und kapriziös wie ein kleiner Flirt: belebend, flüchtig, zart und ohne Beschwer. Sie regen den Geist an, aktivieren den Witz, beflügeln die Phantasie, schärfen die Klingen für ein pointenreiches Gespräch, machen munter, frisch, jugendlich.“ So rühmte Thaddäus Troll die Moselweine, die wir den Römern verdanken. Zwar verbot noch 91 n. Chr. der römische Kaiser

Steckbrief

Fläche: ca. 4600 km².

Länge der Mosel: 545 km, davon in Deutschland 238 km.

Nebenflüsse: aus der Eifel: Kyll, Salm, Lieser, Alf und Elz; aus dem Hunsrück: Saar (237 km), Ruwer (39,5 km), Dhron, Baybach und Ehrenbach.

Bevölkerung: ca. 900 000 Einw.

Größte Städte:
Koblenz (110 000 Einw.),
Trier (105 000 Einw.).

Verwaltung: Mosel und der angrenzende Hunsrück gehören zum Bundesland Rheinland-Pfalz, die Saar fließt teilweise durch das Saarland.

Wirtschaft: vornehmlich Weinbau und Tourismus; andere Industriezweige gibt es lediglich in Koblenz (Getränke, Aluminium, Papier) und Trier. Wirtschaftlich bedeutend ist auch der Trierer Binnenhafen.

Domitian das Anpflanzen von Reben nördlich der Alpen, dennoch lassen entsprechende Funde darauf schließen, daß die Römer bereits im 1. Jh. n. Chr. den Weinbau an die Mosel brachten. Seither wird an Mosel, Saar und Ruwer ununterbrochen Wein gekeltert.

Seit 1936 trägt das Weinbaugebiet auch offiziell den Namen Mosel-Saar-Ruwer. Es ist eines der bekanntesten und ertragreichsten Weinbaugebiete Deutschlands. Insgesamt sind etwa 12 000 ha Land mit Reben bepflanzt.

Die Rebsorten

Weinbau an der Mosel ist Schwerstarbeit. Nirgendwo im deutschen Weinbau, wahrscheinlich auch in keinem Weinbaugebiet auf der ganzen Welt, sind die Hänge so steil; teilweise beträgt die Steigung bis zu 65 %!

Die wichtigste Rebsorte ist der Riesling, der auf etwas mehr als der Hälfte aller Anbauflächen wächst, gefolgt vom Müller-Thurgau, der ein Viertel der Rebfläche einnimmt, sowie den Sorten Elbling und Kerner, die jeweils mit etwas unter 10 % vertreten sind. Alle anderen Rebsorten wachsen auf weniger als 5 % der Anbauflächen, teilweise liegt ihr Anteil unter einem Prozent. Die Herkunft der Rieslingtraube ist unbekannt. Es wird vermutet, daß sie auf eine der drei Sorten zurückgeht, die Plinius 50 v. Chr. als in Italien heimisch benennt. Quellen belegen die Existenz des Rieslings im Moselraum im 12. Jh. Der Riesling stellt wenig Ansprüche an die Bodenqualität, gedeiht aber besonders gut auf leicht erwärmbaren Böden wie den Schieferverwitterungsböden an der Mosel. Auch beeinflußt der Schieferboden positiv die Ausbildung des Buketts. Der Riesling braucht viel Licht und Wärme, deshalb werden an der Mosel vorwiegend die steilen Südhänge damit bepflanzt.

Der Müller-Thurgau ist eine Kreuzung zwischen Riesling und Silvaner und wurde nach dem Züchter der Rebe benannt. Sie stellt geringe Ansprüche an die Lage, benötigt aber tiefe Böden, die nicht zu trocken sein dürfen. Mit Müller-Thurgau-Reben werden vorwiegend die flacheren Lagen im Tal oder auf den Hangausläufern bepflanzt. Sie sind wesentlich ertragreicher als der Riesling, zudem sind die Beeren bedeutend früher reif.

Woher der Elbling stammt, weiß man nicht. Die Rebe ist ebenfalls sehr ertragreich und stellt wenig Ansprüche an die Bodenqualität. Er wird meist zur Sektherstellung verwendet.

Der Kerner schließlich ist eine Kreuzung aus Riesling und Trollinger. Er gedeiht ebenfalls auf allen Böden und ist ertragreicher als der Riesling. Die Kernerrebe trägt meist noch Blätter, wenn alle andern Reben die ihrigen schon abgeworfen haben. So ist ein Kernerwingert (= -weingarten oder -weinberg) im Spätherbst besonders gut zu erkennen.

Lagen und Qualitäten

Die gesamte Rebfläche der Mosel-Saar-Ruwer-Weine ist zur Zeit in fünf Bereiche, 20 Großlagen und 523 Einzellagen aufgeteilt. Die besten Weine stammen in der Regel von der Mittelmosel aus dem Bereich Bernkastel. Manche dieser Lagen genießen Weltgeltung.

Doch nicht immer halten ein wohlklingender Name und ein bunt geschmücktes Etikett so viel, wie sie versprechen. Für den Nicht-Weinexperten ist die Vielfalt der unterschiedlichen Lagen und Namen oft eher verwirrend. „Spätlese“ oder „Auslese“ heißt es dort z. B., auch „Erzeugerabfüllung“, und dazu kommen noch bunte Siegel oder gar Prämierungen. Am leichtesten – und am billigsten – hat es der Käufer bei Aufschriften wie „Deutscher Tafelwein“ oder „Landwein“. Aber hierbei darf er auch am wenigsten Qualität erwarten; unter Umständen stammt der Wein nicht einmal von der Mosel. Besser sind die Qualitätsweine (diese Bezeichnung muß auf dem Etikett stehen) oder die Qualitätsweine bestimmter Anbaugebiete (QbA). Dieser Wein darf nur aus einem der fünf Bereiche der Mosel stammen. Er wird geprüft, muß bestimmte Qualitätskriterien erfüllen und erhält dann eine amtliche Prüfungsnummer, aus deren Code man genau ersehen kann, von welchem Weingut er stammt. Auf dem Etikett finden sich neben der Bezeichnung „Qualitätswein" auch der Name des Abfüllers und der Hauptfirmensitz sowie die amtliche Prüfungsnummer, deren letzten beiden Ziffern das Jahr der Prüfung verraten. Bei Qualitätsweinen wird die Rebsorte immer aufgeführt, und der Wein in der Flasche muß zu mindestens 85 % aus dieser Sorte bestehen.

Wird – meist auf dem Flaschenhals – die Jahreszahl genannt, muß der Wein zu 85 % aus dem angegebenen Jahrgang stammen.

Obligatorisch bei den Qualitätsweinen ist auch die Nen-

Sonnenuhr in einem Trittenheimer Weinberg

Giebelmalerei an einem Winninger Weinhof

Alles über den Wein

Wer ein Weinkenner werden möchte, der ist an der Mosel gut aufgehoben. Viele Gemeinden besitzen Weinlehrpfade, andere bieten Weinseminare, auf dem man sich dem flüssigen Gold wissenschaftlich, aber nicht trocken nähern kann. Wer Unterkunft auf einem Winzerhof bezieht, wird garantiert Gelegenheit finden, sein Wissen über den Rebensaft zu erweitern. Die Moselland-Touristik GmbH (s. S. 94) vermittelt günstige Pauschalangebote für Weininteressierte. Und wer sich „museal" weiterbilden möchte, sollte das Moselweinmuseum in Bernkastel-Kues aufsuchen (s. S. 82).

Weinseminare finden in vielen Orten statt, z. B. in Bernkastel-Kues, Trier, Konz und Senheim.

Weinlehrpfade gibt es in Ellenz-Poltersdorf, Enkirch, Ensch (bei Schleich), Klüsserath, Leiwen, Mesenich, Perl, Riol, Schweich, Trier und Winningen. Nicht alle Weinlehrpfade sind das ganze Jahr über geöffnet.

Wer eine Weinprobe machen oder ein Weingut besichtigen möchte, sollte sich ans Fremdenverkehrsbüro seines Urlaubsorts wenden. Die Teilnahme an einem solchen Besuch ist im Sommerhalbjahr fast überall täglich möglich.

nung des Abfüllers; Erzeugerabfüllung bedeutet, daß der Wein ausschließlich aus eigenen Trauben gekeltert und selbst abgefüllt wurde. Qualitätsweine sind empfehlenswert, besonders wenn sie das Deutsche Weinsiegel tragen. Denn das wird nur nach einer zusätzlichen besonderen Geschmacksprüfung verliehen, und zwar in drei Farben: rot für eine lieblichen, grün für einen halbtrockenen und gelb für einen trockenen Wein.

Die höchste Qualität versprechen die „Qualitätsweine mit Prädikat". Insgesamt werden nach amtlicher Analyse und Geschmacksprüfung sechs Prädikate vergeben, diese allerdings nur an Weine, deren Most nicht mit Traubenzucker angereichert wurde: Ein Kabinett ist ein hochklassiger Wein aus vollreifen Trauben. Als Spätlese wird ein Wein bezeichnet, dessen Trauben mindestens sieben Tage nach Beginn des amtlich festgelegten Lesetermins geerntet wurden. Der Wein muß zusätzlich auch eine bestimmte Geschmacksfülle aufweisen. Für Weine der Güteklasse Auslese werden nur vollreife, gesunde Trauben ausgewählt und gekeltert. Die Beerenauslese wird aus ausgesuchten edelfaulen oder überreifen Beeren gekeltert, die Trokkenbeerenauslese aus eingeschrumpften, edelfaulen, sehr konzentrierten Trauben. Beerenauslese und besonders Trockenbeerenauslese sind sehr reichhaltige, aromareiche Dessertweine. Der Eiswein schließlich ist ein ganz besonderer Prädikatswein. Hierbei werden die Trauben in gefrorenem Zustand gelesen und gekeltert. So entsteht ein stark zucker- und aromahaltiges Mostkonzentrat, das einzigartige Weine ergibt.

Das Winzerleben – eine Idylle?

Das Winzerdasein ist nicht so ungetrübt, wie es in Fernsehserien oder der Fremdenverkehrswerbung oft gezeigt wird. In den letzten Jahrzehnten ist das wirtschaftliche Überleben für viele Winzer immer schwieriger geworden. Zwar gibt es noch 9000 Weinbaubetriebe an der Mosel, die Zahl nimmt aber stetig ab, und z. Zt. sind nur noch 2500 Winzer Vollerwerbsweinbauern. Viele Betriebe stehen zum Verkauf an, die Winzer haben aufgegeben und ihre Weinberge verlassen.

Der Grund dafür liegt auf der Hand: Es gibt zuviel Wein auf den Märkten der Europäischen Union. 200 Millionen Hektoliter Wein müssen dort jährlich verkauft werden, ein Viertel davon ist reine Überproduktion und nicht an die Kunden zu bringen. Die meisten Winzer produzieren Faßwein – Massenwein, der von Großkellereien abgefüllt und verkauft wird. Hier ist nicht die Qualität entscheidend, sondern es muß nur kostengünstig und viel produziert werden – Masse statt Klasse. So werden vielfach die qualitativ hochwertigen Steillagen aufgegeben, schließlich läßt sich an flachen Hängen mit ertragreichen Traubensorten billiger produzieren.

Doch nicht nur der Wein wird schlechter, wenn nur die flachen Hänge bearbeitet werden; viele Bürgermeister, Fremdenverkehrsämter und Umweltfachleute fürchten, daß verwilderte Weinberge auch andere negative Folgen haben. Zum einen kommen die meisten Touristen wegen der romantischen Weinberge; verwildern diese, bleiben vielleicht auch die Besucher aus. Zum anderen bewahrt der Weinbau an den Steilhängen die Berge vor Erosion. Gibt man ihn auf, verändert sich das Gesicht dieser 2000 Jahre alten Kulturlandschaft nachhaltig. Eine Lösung des Problems könnte darin bestehen, nicht die Steillagen, sondern die Massenware zu verringern, mit neuen Marketingmethoden neue Kunden suchen und mehr Wert auf die spezifische Qualität des unverwechselbaren Moselriesling zu setzen, für den dann auch höhere Preise zu erzielen sind.

Fast nicht zu zählen sind die Türmchen der Burg Eltz

Geschichte im Überblick

58–51 v. Chr. Gaius Julius Caesar erobert Gallien. Durch das Moseltal stoßen die Römer im Westen bis zum Rhein vor. Sie unterwerfen dabei die Treverer, einen Keltenstamm.

Um 16 v. Chr. Unter dem römischen Kaiser Augustus wird die Stadt „Augusta Treverorum" (Trier) gegründet.

Um 8 v. Chr.: Die Römer legen am Zusammenfluß von Mosel und Rhein das Militärlager „Apud Confluentes" an, später entwickelt sich daraus Koblenz.

1. Jh. n. Chr. Die Römer führen den Weinbau im Moseltal ein.

70 n. Chr. Germanen und Treverer erheben sich gegen die Herrschaft der Römer. Bei Riol (römisch Rigodulum) werden die Aufständischen besiegt.

117 Trier wird kurzzeitig Hauptstadt der römischen Provinz Belgica Prima.

3. Jh. Das Moselgebiet wird christianisiert; Trier ist erster Bischofssitz.

275 Franken und Alemannen fallen in den Moselraum ein und zerstören Trier. Die Römer können jedoch den Limes verteidigen und bauen Trier wieder auf. Die Stadt wird ab 285 Hauptstadt des westlichen Römischen Reiches.

395 Mit der Verlegung der Kaiserresidenz nach Mailand endet die römische Blütezeit Triers und des Moselraumes.

5. Jh. Trier wird 410 und 430 von den Franken, 431 von den Hunnen angegriffen und zerstört. Ab 475 ist das Moselgebiet endgültig fränkisch.

bis 870 Das Moselland wird nach der Teilung des Karolingerreiches dem Ostfränkischen Reich zugeschlagen, dem späteren Heiligen Römischen Reich Deutscher Nation.

10.–12. Jh. Die Trierer Erzbischöfe werden immer mächtiger. Kaiser Heinrich II. schenkt ihnen 1018 die Stadt Koblenz. In der Folgezeit versuchen die Erzbischöfe ihren Landbesitz um Trier und Koblenz zu vereinen.

1307–1354 Unter Kurfürst Balduin von Luxemburg, Erzbischof in Trier und Bruder Kaiser Heinrichs VII., erreicht der Trierer Kurstaat seine größte Ausdehnung (von der Obermosel bis in die Eifel und zum rechten Rheinufer).

1618–1648 Im Dreißigjährigen Krieg wird das Moselgebiet verwüstet.

1687–1689 Französische Truppen unter Ludwig XIV. dringen ins Moselgebiet zwischen Trier und Koblenz vor und hinterlassen große Verwüstungen.

1794 Französische Revolutionstruppen unterwerfen das Trierer Kurfürstentum. 1801 kommt das gesamte linksrheinische Gebiet zu Frankreich, Trier wird Hauptstadt des Departements Saar, Koblenz Hauptstadt des Departements Rhin-et-Moselle.

1815 Auf dem Wiener Kongreß wird Europa neu aufgeteilt: Das deutsche Moselgebiet kommt als Rheinprovinz zu Preußen.

1839 1. Dampfschiff auf der Mosel.

1879 Das Tal der Mosel wird an das Eisenbahnnetz angeschlossen.

1918–1930 Nach dem Ersten Weltkrieg ist das Moseltal bis 1923 amerikanisch, danach französisch besetzt.

1945 Nach dem Zweiten Weltkrieg gehört die Mosel zur französischen Besatzungszone, 1946 wird das Bundesland Rheinland-Pfalz gegründet.

1957–1964 Die Mosel wird vom lothringischen Thionville (Diedenhofen) bis zu ihrer Mündung zum Großschiffahrtsweg ausgebaut.

1995 Nach dem vermeintlichen „Jahrhunderthochwasser" 1994 erneut schwere Hochwasserkatastrophen.

Burgruinen an der Mosel

Burgruinen, soweit das Auge reicht – auf nahezu jeder Moselhöhe gibt es eine zu besichtigen. So unterschiedlich diese Burgen einst waren und sich auch heute präsentieren, bis auf die Burg Eltz (s. S. 54) haben sie alle etwas gemeinsam: Sie wurden zwischen 1687 und 1689 von den französischen Truppen zerstört.

Ludwig XIV., berühmt als der „Sonnenkönig", übernahm 1661 die Regierung in Frankreich. Er verfolgte zwei Hauptziele: innenpolitisch die Zentralisierung der Macht auf seine Person (gemäß seinem berühmten Ausspruch „L'état c'est moi" – „der Staat bin ich"), außenpolitisch die Durchsetzung der französischen Vorherrschaft in Europa. Bis zum Rhein sollte im Osten das Reich ausgedehnt werden. Französische Reunionskammern (Gerichte) erhoben Ansprüche auf zahlreiche Gebiete im Deutschen Reich (Pfalz, Lothringen) und auf spanisch-österreichische Besitztümer in Flandern, dem heutigen Luxemburg und in Burgund.

Als 1685 der pfälzische Kurfürst Karl kinderlos starb, forderte Ludwig XIV. für seine Schwester, die Herzogin Elisabeth Charlotte von Orléans (bekannt als „Liselotte von der Pfalz"), einen Erbteil. Diesen Forderungen folgten ab 1687 Eroberungen, dabei wurden die Pfalz und die angrenzenden Gebiete, darunter die Moselgegend, verwüstet. Neben den Burgen wurden allein an der Mosel 400 Dörfer zerstört. Aber schon wenige Jahre später konnten die Franzosen zurückgedrängt werden; im Frieden von Rijswijk mußte der Sonnenkönig auf weite Teile der gewonnenen Gebiete verzichten.

Kaiser Augustus (Gemälde von Rubens, 1619)

Trier um 1740 (Kupferstich von Giuseppe Filosi)

Die Staustufe der Mosel hinter Kröv

Kultur gestern und heute

Die ältesten Spuren menschlicher Besiedelung an der Mosel stammen aus der Steinzeit (10 000 v. Chr.). Anhand vieler Funde konnte die kulturelle Entwicklung des Mosellandes seither nachvollzogen werden. Historisch und kulturell Interessierte sollten unbedingt das Rheinische Landesmuseum in Trier aufsuchen. Dort finden sich u. a. zahlreiche Stücke der Römerzeit. In keiner anderen Region nördlich der Alpen hat die römische Antike so viele Spuren hinterlassen wie an der Mosel. Nicht nur für die Kunst der Römerzeit ist Trier das absolute kulturelle Zentrum, auch die späteren Kunstrichtungen sind hier vertreten.

Trotz der architektonisch wie künstlerisch überragenden Stellung der Stadt sollte nicht übersehen werden, daß auch andere Orte einiges zu bieten haben. Die Matthiaskapelle in Kobern-Gondorf ist ein Meisterwerk der Romanik, die Burg Eltz vereinigt Stilelemente aus Romanik und Gotik zu einem Bauensemble, das seinesgleichen sucht. Der Barock hat seine schönste Ausprägung wiederum in Trier gefunden, nämlich in der Kirche St. Paulin.

Interessant ist die Architektur des ländlichen Raumes. Hier ist besonders der Fachwerkbau zu nennen. Fachwerkhäuser sind nicht überall an der Mosel zu finden, sondern vor allem zwischen Koblenz und Bernkastel. Leider wurde die ehemalige Struktur der Fachwerkbauten im Laufe der letzten beiden Jahrhunderte häufig verändert. Die ursprünglich unter einem Dach befindlichen Wohn- und Arbeitsbereiche wurden voneinander getrennt, die einst recht großen Häuser verkleinert und teilweise leider auch verputzt. Das typische moselländische Fachwerkhaus besitzt ein gewölbtes Kellergeschoß – wichtig für den Winzer –, ein Erdgeschoß, das meist aus Bruchsteinen errichtet wurde, und darüber dann ein oder mehrere Wohngeschosse aus Fachwerk, wobei oft ein Erker oder gar das ganze Stockwerk vorkragt. Musterbeispiele dieser Baukunst finden sich in Enkirch, Bernkastel und Kröv.

Dichter und Maler an der Mosel

Seit der Römer Decimus Magnus Ausonius im 4. Jh. mit seiner berühmten „Mosella“ eine Liebeserklärung an die Mosellandschaft verfaßte, hat der Fluß immer wieder Dichter herausgefordert. Die wohl berühmtesten Werke sind die 1932 erschienene Novelle „Moselfahrt aus Liebeskummer“ von Rudolf G. Binding (1867–1938) und Heinrich Spoerls (1887–1955) humoristischer Roman „Wenn wir alle Engel wären“ von 1936. Der bekannteste Schriftsteller aus dem Moselland ist Stefan Andres (s. a. S. 84/85). Er wurde 1906 in Dhrönchen bei Trittenheim geboren; 1970 starb er in Rom. Zu seinen populärsten Werken gehören „Bruder Luzifer“ (1932), „El Greco malt den Großinquisitor“ (Novelle, 1936) und „Moselländische Novellen“ (1937).

Deutsche Maler hat das Moseltal erstaunlicherweise weniger fasziniert. Eher wurden die Engländer von der romantischen Landschaft angezogen, von denen viele im Zuge ihrer Rheinreisen auch das Moselland erkundeten. Die berühmtesten Werke sind heute leider nicht an der Mosel, sondern in der Tate Gallery in London zu sehen: die des englischen Impressionisten William Turner (1775–1851). Zahlreiche Gemälde anderer Künstler hängen im Städtischen Museum in Trier.

Denker aus der Provinz

Aus dem Moselland kamen schon eine ganze Reihe hervorragender Gelehrter. Der bekannteste ist Nicolaus Cusanus

(s. S. 80), andere herausragende Persönlichkeiten waren Johannes Trithemius (s. S. 84) und Petrus Mosellanus. Petrus Mosellanus, der eigentlich Peter Schade hieß und von dem nur das Todesjahr 1624 überliefert ist, stammte aus Bruttig. Er war ein Freund des großen niederländischen Humanisten Erasmus von Rotterdam und Rektor der Universität Leipzig, damals eine der wichtigsten deutschsprachigen Hochschulen. Aufsehen erregte im 18. Jh. der Trierer Weihbischof Johann Nikolaus von Hontheim. Er schrieb unter dem Pseudonym Justinus Febronius das Werk „De statu ecclesiae“ (Über den

Eines der vielen Wegkreuze

Takenplatten und Wegkreuze

Manchmal sieht man sie auf Flohmärkten, öfter aber als Wandverzierung an alten Moselhäusern: schwarze gußeiserne Platten, die soge. Teken- oder Takenplatten. Diese schwergewichtigen, meist etwa einen halben Meter hohen, mit Reliefs geschmückten Platten dienten in früheren Zeiten nicht als Wandschmuck, sondern hatten durchaus einen praktischen Sinn: Sie waren Teil der Heizung des Hauses. Eiserne Öfen wurden ab dem 15. Jh. aus rechteckigen, hochformatigen Platten zusammengesetzt. Das Gußeisen schützte die Wände vor dem Feuer und speicherte gleichzeitig die Wärme. Später wurde die Technik verfeinert. Der Ofen stand in der Küche oder dem Flur; durch einen Wanddurchbruch, in den eine Takenplatte eingesetzt war, wurde die Wärme in den Wohnraum geleitet.

Schon früh verwendete man diese Takenplatten auch als Wandschmuck, wobei sich die Motive im Lauf der Zeit änderten. Themen lieferte zunächst die Bibel; teilweise wurden auf den Platten eines Ofens ganze Bibelgeschichten erzählt. Später folgten Darstellungen aus der Mythologie, dann Adelszeichen, schließlich gab es bloß noch Ornamente. Im 19. Jh. hatte sich die Kunst erschöpft, der Ofen blieb als reines Nutzobjekt übrig. Im Landesmuseum in Trier sowie im Heimatmuseum von Cochem sind schöne Stücke ausgestellt.

Die zahlreichen Wegkreuze sind andere Beispiele für hochwertige Volkskunst. Sie fallen jedem Besucher auf, sei es als alter Grenzstein zwischen den Weinbergen oder – klassisch – dort, wo sich zwei Wanderwege begegnen. Sie sind Zeugnisse der Frömmigkeit auf dem Land und des Katholizismus an der Mosel. Die meisten entstanden während der Gegenreformation im 16. und 17. Jh. Unterschieden werden einfache Balkenkreuze, Nischenkreuze, Bildstökke, Schaftkreuze und Heiligenhäuschen. Nischenkreuze sind schlank aufstrebend und meist mit mehr oder weniger realistisch geformten Blattornamenten verziert. Die meisten stammen aus gotischer Zeit und dem 16. Jh. Bildstöcke sind vorwiegend als Reliefs gearbeitet, häufig sind Kreuzigungsszenen dargestellt. Die jüngeren Schaftkreuze (17.–19. Jh.) sind nicht selten 3 m hoch. Sie stehen auf einem Sockel, der meist mit Inschriften oder Reliefschmuck dekoriert ist. Die Heiligenhäuschen sind schon fast kleine Kapellen. Viele wurden im Barock erbaut.

Zustand der Kirche), in dem er die Zentralgewalt des Papstes angriff: Eine Entscheidung des Papstes bedürfe der Zustimmung der Bischöfe, um als kirchliche Lehrmeinung anerkannt zu werden. 1764 wurde das Werk auf den Index gesetzt, und Johann Nikolaus von Hontheim mußte 1778 seine Lehre widerrufen.

Aus Koblenz stammt Clemens Wenzeslaus Lothar Nepomuk Fürst von Metternich-Winneburg (1773–1859), der als österreichischer Außenminister und Staatskanzler auf dem Wiener Kongreß 1815 maßgeblich die Neuordnung Europas nach den Napoleonischen Freiheitskriegen mitbestimmte.

Auch Clemens Brentano (1778–1842), der gemeinsam mit Achim von Arnim die Volksliedersammlung „Des Knaben Wunderhorn“ herausgab, kam in Koblenz zur Welt. Gleiches gilt für Johann Joseph Görres (1776–1848), den Urheber der modernen politischen Publizistik in Deutschland.

In Trier wurde 1818 mit Karl Marx einer der größten „Beweger“ der neueren Menschheitsgeschichte geboren (s. S. 44).

Ebenfalls aus Trier kommt die Erzählerin Clara Viebig (1860–1952); Trittenheim ist der Geburtsort des Schriftstellers Stefan Andres (1906–1970; s. S. 18).

Kultur zum Mitmachen und Erleben

Moselkultur läßt sich auf unterschiedliche Weise erfahren. Ganz einfach ist das z. B. mit dem Rad; das Verkehrsamt Schweich (☏ 0 65 02/40 71 17) hat eine Radtour ausgearbeitet, die über 50 km dem Verlauf einer altrömischen Versorgungsstraße folgt.

Seit 1986 wird im Dreiländereck Deutschland – Luxemburg – Frankreich ein jährliches Bildhauersymposium durchgeführt. Bildhauer aus aller Welt kommen zusammen, ihre Skulpturen verteilen sich heute über eine Strecke von 4 km (ℹ beim Kreisfremdenverkehrsamt Merzig-Wadern, ☏ 0 68 61/7 38 74).

Die Europäische Akademie für bildende Kunst in Trier (☏ 06 51/8 87 00) führt im Sommer Kurse in allen Bereichen der bildenden Kunst durch. Hier ist ebenso wie bei den Kreativkursen in Enkirch (ℹ beim Verkehrsamt, ☏ 0 65 41/92 65) Eigeninitiative gefragt.

Die theoretische Auseinandersetzung mit Kultur fördert die Tourist-Information Trier (☏ 06 51/97 80 80) mit verschiedenen Seminaren.

Kulturfestivals

Wein und Kultur passen gut zueinander, denken sich die Moselaner und sorgen daher für ein exzellentes Kulturprogramm.

Von Mai bis September findet jedes Jahr der Trierer Sommertreff statt. Zwischen Porta Nigra und Marktplatz gibt es dann Open-air-Kultur mit Musik, Tanz und Theater. ℹ bei der Tourist-Information in Trier, ☏ 06 51/ 97 80 80.

Beim Kulturreferat in Cochem kann man das Programm für die Cochem/ Zeller Kulturtage anfordern (☏ 0 26 71/ 6 13 09). Dieses Kulturfestival bietet Ausstellungen und Konzerte, Liederabende, Theater, Improvisationsmusik, Kabarett und vieles mehr.

Klassische Konzerte, aber auch volkstümliche Musik, Konzerte in Weinkellern, Autorenlesungen und musikalisch-literarische Weinproben finden im Rahmen der Kulturtage des Landkreises Trier-Saarburg statt, die jährlich im Herbst veranstaltet werden (ℹ unter ☏ 06 51/71 54 27).

Die Mosel-Festwochen sind ein internationales Musikfestival mit renommierten Interpreten und Nachwuchskünstlern. Die meisten Konzerte finden im Barocksaal des ehemaligen Klosters

Machern bei Zeltingen-Rachtig statt, aber auch in Winzerhöfen, Kellern und Burgen wird musiziert (ℹ bei der Kultur- und Kur-GmbH unter ☎ 0 65 31/ 40 66).

Im August/September gastieren internationale Spitzenpianisten im Landkreis Cochem/Zell (ℹ beim Kulturreferat, s. o.)

Orgelfreunde kommen im Moselgebiet besonders auf ihre Kosten. In Trier gibt es eine jährliche Konzertreihe im Dom, zusätzlich in den Sommermonaten Konzerte in der Palastaula-Basilika (ℹ bei der Tourist-Information, s. o.). Im Landkreis Cochem/Zell wird ebenfalls auf historischen Orgeln musiziert (auch hier ℹ beim Kulturreferat).

„Festspielritter" auf der Burg Cochem

Winzerinnen beim Weinfest

Weitere Veranstaltungen

Gefeiert wird tüchtig an Mosel und Saar. Der Veranstaltungskalender Rheinland-Pfalz kennt von Mitte April bis Ende Oktober keine Lücke, täglich findet irgendwo ein Wein-, Heimat-, Frühlings- oder Sommerfest statt.

Die größten Feste gibt es in Koblenz; es sind dies der Koblenzer Schängel-Markt im September mit Kirmes, Theater und Musik auf der Straße sowie das Großfeuerwerk „Rhein in Flammen" alljährlich im August.

Ein weiteres Riesenfest gibt es jährlich am Sonntag nach Pfingsten: Dann wird die Moselweinstraße von Schweich bis Cochem für den Autoverkehr gesperrt. Alle anliegenden Gemeiden arrangieren ein Programm.

Das größte Weinfest für den Trierer Raum wird im August im Trierer Stadtteil Olewig veranstaltet, das größte an der Mittelmosel findet im September in Bernkastel-Kues statt, das bedeutendste der Untermosel im August in Winningen.

Karnevalisten vor dem Koblenzer Rathaus

Aus Küche und Keller

Die Gaumenfreuden an der Mosel sind vornehmlich flüssig. Die moselländische Küche ist in Deutschland, anders als in Frankreich oder Luxemburg, nicht sehr ausgeprägt. Das Moselgebiet war lange Zeit recht arm, so daß sich wenig Spitzenkochkunst herausbilden konnte. Daher ist landestypische Kochkunst nicht auf allen Speisekarten zu finden. Die meisten Restaurants bieten statt dessen standardisierte internationale Kost von Pizza über Nudelgerichte bis zum „Schnitzel Wiener Art".

Typisch für die Mosel sind – ähnlich wie in anderen ländlichen Regionen Deutschlands – deftige Genüsse, seien es der nicht aus der Region stammende Schwenkbraten oder der sehr typische Koblenzer „Debbekoche", der von einem Arme-Leute-Gericht zu einer Spezialiät avanciert ist. Der Debbekoche (Debbe = Topf) besteht aus geriebenen Kartoffeln, Brötchen, Eiern, Zwiebeln, Mehl und verschiedenen Gewürzen, also eher gewöhnlichen Zutaten. Andere schlichte Gerichte sind „Himmel und Erde", eine auch im Rheinland sehr beliebte Mahlzeit aus Kartoffeln und Äpfeln mit gebratener Blutwurst, oder Twerdich, eine Mischung von Kartoffelpüree und Sauerkraut in Eisbeinbrühe. Einfach ist auch die typische Weinsuppe. Sie besteht aus Wein, Eigelb, ein wenig Mehl und Butter, wird mit Zimt und Zucker abgeschmeckt und mit einer Zitronenscheibe garniert.

Deftig, aber schon etwas aufwendiger sind Spezialitäten wie Weincräwes oder Äppelfleisch. Weincräwes sind Schweinerippchen und Sauerkraut, die mit Zwiebeln und Lorbeer gewürzt und in Moselwein gekocht werden, dazu wird Kartoffelpüree untergemischt und das Ganze mit ausgelassenem Speck verfeinert. Äppelfleisch besteht aus Schweineschulter, die mit Äpfeln und Zwiebeln geschmort und dann mit Moseltrester und Sahne abgeschmeckt wird. Als Beilage empfehlen sich hier Rotkohl und Kartoffelklöße.

Die Hunsrücker Küche ist kräftig und einfach. Ganz besonders beliebt und über die Region hinaus bekannt ist der Spießbraten (s. S. 74). Überall auf dem Speiseplan stehen auch Gerichte aus Kartoffeln (Krombeere) – jahrhundertelang das Hauptnahrungsmittel im Hunsrück..

Die Gerichte im Saarland sind weitgehend von der französischen Küche beeinflußt. Typisch saarländische Speisen sind z. B. „Dibbelabbes" oder „Schales"; beide – einmal gekocht, einmal gebacken – aus Kartoffeln, Lauch, Dörrfleisch und Ei bestehend.

Die Moselfische gelten als Delikatesse. Beliebt ist Moselaal in verschiedenen Varianten: blau mit Dillsoße, gebraten und geräuchert, oder Zander und Moselhecht sowie Forellen.

Wer sich auch kulinarisch für alte Kulturen interessiert, sollte das Restaurant „Domstein" in Trier oder das „Alte Weinhaus" in Schweich aufsuchen: Dort werden römische Gerichte nach Originalrezepten aufgetischt. Diese stammen von Marcus Gavius Apicius, der unter Kaiser Tiberius (14 bis 37 n. Chr.) wohl einer der bekanntesten Köche war – sozusagen ein Bocuse der Römerzeit. Die damaligen Zutaten und Gewürzmischungen sind heute eher unüblich und daher für den einen oder anderen vielleicht etwas gewöhnungsbedürftig.

Nach mittelalterlichen Rezepten wird auf den Burgen in Longuich, Cochem und Pyrmont gekocht.

Getrunken wird zu alledem natürlich trockener Wein (s. S. 11), am besten eine trockene Riesling-Spätlese. Zwar ist in den meisten Restaurants auch Bier zu haben, man kann seinen Durst aber auch hervorragend mit Weißweinschorle (einer Mischung aus Wein und Wasser) löschen. Auf den Winzerfesten im Herbst ist der Federweiße beliebt, ein milchiger, bei der Mostgärung entstandener, recht süßer Saft, der viele Vitamine und viel Hefe enthält. Der Federweiße wird gern unterschätzt. Er schmeckt sehr leicht, und deshalb hat schon manch einer vergessen, daß er auch viel Alkohol enthält.

Winningen: Straußwirtschaft

In der Gegend um Trier wird auch gerne der „Viez" getrunken, ein Apfelwein, der aus kleinen, sauren und harten Äpfeln gekeltert wird. Trocken ist nicht unbedingt die richtige Bezeichnung für den Geschmack des Viez, man muß ihn schon sauer nennen.

Viele Winzer produzieren neben dem Wein auch guten Sekt, einige stellen zudem hochprozentige Köstlichkeiten her wie Tresterschnäpse. Diese werden aus der Maische gebrannt, die nach dem Keltern der Trauben zurückbleibt.

Straußwirtschaft

Es gibt sie in allen Weinbaugegenden, also auch an der Mosel: die Straußwirtschaften, kleine Winzerwirtschaften, die durch einen deutlich sichtbaren Kranz, Busch oder Strauß anzeigen, daß hier Wein ausgeschenkt wird. Sie sind ein Synonym für weinselige Gemütlichkeit. Man sitzt meist auf langen Bänken, genießt den frischen Wein und dazu eine deftige Kleinigkeit aus der Hausschlachtung.

Angeblich sind die Straußwirtschaften eine Erfindung Karls des Großen. Doch wahrscheinlich ist der Brauch, daß die Winzer offene Weine direkt kredenzen, bereits älter. Immer wenn die Weine sich schlecht verkauften, nahm die Zahl der Straußwirtschaften zu. Karl der Große war aber vermutlich der Erfinder des Kranzes als „Wirtshausschild". 813 ordnete er nämlich an, daß auch auf den königlichen Weinbaudomänen der Rebensaft ausgeschenkt werde und dies durch einen Kranz anzuzeigen sei. Dies allerdings nicht das ganze Jahr über, sondern lediglich über einen bestimmten Zeitraum hinweg.

Auch heute unterliegen die Straußwirtschaften strengen Reglementierungen. So dürfen die Winzer lediglich vier Monate im Jahr – zusammenhängend oder in zwei Abschnitten – ihren eigenen Wein und, als alkoholfreie Alternative, Säfte und Mineralwasser anbieten. Dazu darf ein Imbiß aus eigener Schlachtung gereicht werden. Selbst die Zahl der Sitzplätze ist auf 40 beschränkt.

Urlaub aktiv

Wer sich im Urlaub sportlich betätigen will, findet an der Mosel gute Möglichkeiten; Spitzenreiter sind Wandern, Rad- und Bootfahren. Aber auch Freunde von aufwendigeren Sportarten wie Fallschirmspringen oder Ballonfahren kommen hier auf ihre Kosten.

Wandern

Der bekannteste Wanderweg ist der Moselhöhenweg, der sich auf beiden Seiten des Flusses entlangzieht. Er umfaßt insgesamt 390 km. Auf der Hunsrückseite der Mosel führt er von Koblenz bis Palzem (kurz vor der deutsch-französisch-luxemburgischen Grenze), auf der Eifelseite von Wasserbillig (an der Mündung der Sauer in die Mosel) bis Trier und weiter von Schweich bis nach Koblenz. Der Moselhöhenweg wurde bereits 1910 angelegt. Er ist mit einem weißen M gekennzeichnet. Nicht immer verläuft die Wanderstrecke parallel zum Flußlauf. Einige Windungen der Mosel werden abgeschnitten, als Ausgleich gibt es schöne Ausblicke über das Moseltal sowie auf Eifel und Hunsrück.

Um den gesamten Moselhöhenweg abzuwandern, sollte man – mit Abstechern und Besichtigungen – zwei Wochen einkalkulieren. Eine genaue Beschreibung des Weges ist bei der Moselland-Touristik (s. S. 94) zu bekommen. Dieser und andere Veranstalter bieten auch Wanderprogramme mit Gepäcktransfer und Übernachtungen an. So führt eine Wanderung von Winningen an der Untermosel bis nach Traben-Trabach, eine andere von Reil an der Mittelmosel bis nach Trier.

Radfahren

Auch Radler kommen an der Mosel auf ihre Kosten. Eine 250 km lange Wanderroute führt von der Obermosel und dem Saarburger Land bis nach Koblenz. Der Weg verläuft teilweise durch die Weinberge und teilweise direkt am Flußlauf entlang. Die Steigungen auf dieser Route sind nicht allzu stark. Eine genaue Beschreibung dieser Radwanderroute ist bei der Mosellandtouristik erhältlich. Dort gibt es auch Informationen zu organisierten Radtouren mit Gepäcktransport. Wer kein eigenes Rad mit an die Mosel nehmen möchte, kann sich in vielen Orten eines leihen.

Besonders praktisch sind die Verleihstellen an den Bahnhöfen, diese gibt es in Saarburg (☎ 0 65 81/23 02), Konz (☎ 0 65 01/23 32), Trier (☎ 06 51/20 02-518), Wittlich (☎ 0 65 71/80 41), Traben-Trarbach (☎ 0 65 41/64 36), Bullay (☎ 0 65 41/20 74) sowie Cochem (☎ 0 26 71/2 40).

Vom 1. Mai bis zum 31. Oktober verkehrt zwischen Trier und Bullay der sogenannte Moselbahn-Radelbus. Dieser Spezialbus hat 34 Sitzplätze und bietet darüber hinaus Raum für 34 Fahrräder. Den Fahrplan erhalten Sie bei der Moselbahn GmbH, Trier, ☎ 06 51/2 10 75. Die von April bis Oktober auf Mosel und Saar verkehrenden Personenschiffe nehmen ebenfalls Fahrräder mit. Voranmeldung ist empfehlenswert.

Drachenfliegen und Fallschirmspringen

Drachenfliegen ist in folgenden Orten möglich: 54484 Maring-Noviand, (Drachenfliegerschule R. Neumann, ☎ 0 61 31/23 33 74); 54346 Mehring, (Verkehrsamt Schweich, ☎ 0 65 72/40 71 11 oder 40 71 18); 54347 Neumagen-Dhron (Drachenfliegerclub Trier e.V., Peter Roth, ☎ 0 65 02/54 54) und 54441 Ockfen/Saar (Drachenfliegerclub Saar e. V., Helga Warken, 66687 Wadern-Büschfeld, ☎ 0 68 74/5 11).

Wer den Fallschirm bevorzugt, sollte sich an folgende Adresse wenden: FSC Trier e.V., Postfach 42 03, 54343 Föhren, ☎ 0 65 02/49 99.

Mit Heißluftballon und Segelflugzeug

Eine Ballonfahrt über die Moselschleifen und die Höhen von Eifel und Hunsrück ist ein ganz besonderes Erlebnis. Die Fahrten beginnen in Schweich (ℹ Mosselland-Touristik, ☎ 0 65 31/20 91) oder Bernkastel-Kues (ℹ Mittelmosel-Touristik, ☎ 0 65 31/30 75).

Segelflugzeuge starten nur von wenigen Plätzen an der Mosel, bessere Möglichkeiten bieten nahegelegene Hunsrückorte. Ansprechpartner an der Mosel: Luftsportverein Neumagen-Dhron, 54347 Neumagen-Dhron, ☎ 0651/1 30 25 50; Tourist-Inf. Trier, 54290 Trier, ☎ 06 51/97 80 80; im Hunsrück: 54427 Kell, ℹ ☎ 0 65 89/10 44; Flugplatz Göttschied, 55743 Idar-Oberstein, ☎ 0 67 81/2 26 94.

Erlebnisbäder

Mehr als bloß ein Becken zum Schwimmen bieten Erlebnisbäder. Einige Gemeinden besitzen moderne Bade-Freizeit-Zentren, die vom Wellenbad über Wildwasserrutsche und Whirlpool bis zu Wasserkanonen soviel Wasserspaß bieten, daß sich ein Besuch immer lohnt. Erlebnisbäder gibt es in Cochem, Freizeitzentrum, Klottener Str. 17, ☎ 0 26 71/12 12; Kröv, Freizeitanlage, an der B 53, ☎ 06541/96 53; in Saarburg, Freizeithallenbad am City-Parkplatz, ☎ 0 65 81/ 8 12 15; in Treis-Karden, Spiel- und Spaßbad, ☎ 0 26 72/20 54, und in Trier, Stadtbad, Südallee 10–12, ☎ 06 51/71 72 51.

Wassersport

Durch ihre Staustufen ist die Mosel zu einem Paradies für Wassersportler geworden. Die Staustufen können dank spezieller Schleusen auch von Sportbooten überwunden werden. Boote kann man in fast allen Moselorten mieten; auf großen Teilstücken des Flusses ist auch Wasserskifahren erlaubt, leider jedoch mit Lärm verbunden.

Reisewege und Verkehrsmittel

Die Anreise mit den Auto ist einfach: Die A61 kreuzt westlich von Koblenz die Mosel; man verläßt sie am besten beim Autobahnkreuz Koblenz oder bei den Abfahrten Koblenz-Dieblich oder -Waldesch. Trier ist gut über die Autobahnen 1 und 48 zu erreichen, die beim Autobahndreieck Moseltal auf die A602 (Trier – Luxemburg) trifft. Die Verbindung Trier – Koblenz führt über gut ausgebaute Bundesstraßen auf beiden Seiten der Mosel. Auch mit öffentlichen Verkehrsmitteln gelangt man zu jedem Urlaubsort an der Mosel. Koblenz ist an das IC/EC-Netz angeschlossen, von dort fahren D- oder Interregio-Züge nach Trier weiter. Die Strecke entlang der Mosel ist sehenswert, allerdings spart die Eisenbahn inzwischen das schönste Stück aus: Sie verläßt in Bullay die Mosel und nähert sich erst in Trier wieder dem Flußlauf. Bucht man seinen Urlaub über die Mosselland-Touristik, kommt man in den Genuß eines kostenlosen Transfers vom nächstgelegenen Bahnhof zum Urlaubsort. Für die Rundreise an der Mosel bieten sich neben dem Auto auch Busverbindungen an. Jeder Ort ist entweder per Bus oder Bahn mit Koblenz und/oder Trier verbunden. Wer sportlich ist, kann die Mosel auch per Fahrrad erkunden; ein spezieller Bus, der auch Fahrräder transportiert, verkehrt zwischen Bullay und Trier (s. S. 24).

Autofahrer sollten dran denken, daß die alten Moselorte nicht „autogerecht“ sind. Die Gassen sind sehr eng, oft passen zwei Autos nicht aneinander vorbei. Auch Parkplätze sind rar, daher sollte man unbedingt auf die ausgeschilderten Plätze zurückgreifen. Die Moselufer sind oft durch Brücken miteinander verbunden. In manchen Orten kann man mit Fähren übersetzen.

Eine der schönsten Möglichkeiten, das Moselland zu entdecken, ist der Wasserweg. Stundenlang gleitet das Schiff an Weinbergen vorbei, hinter jeder

Das Saufbähnchen

„An der Mosel ging es noch an. Wir soffen uns langsam den Fluß hinab, wir fuhren mit dem Saufbähnchen von Trier nach Bulley hinunter, und auf jeder dritten Station stiegen wir aus und sahen nach, wie es mit dem Weine wäre. Es war. Wenn wir das festgestellt hatten, stiegen wir wieder ein: Der Zug führte einen Waggon mit, der sah innen aus wie ein Salonwagen, von hier aus hätte man ganz bequem Krieg führen können, so mit einem Telefon auf dem Tisch, mit dicken Zigarren und: ‚Seiner Majestät ist soeben der Sturmangriff gemeldet worden.' Wir führten aber keinen Krieg, sondern drückten auf die Kellnerin, und dann erschien ein Klingelknopf, oder umgekehrt, und dann konnte man auf dem langen Tisch einen naturreinen Mosel trinken und dabei Würfel spielen."

So erinnerte sich Kurt Tucholsky 1930 an seine Fahrt mit der legendären Moseltalbahn, die fast 65 Jahre zwischen Trier und Bullay hin- und herfuhr. Man sieht bei seiner Schilderung deutlich: den Spitznamen Saufbähnchen trug der Bummelzug zu Recht. Vier Stunden, eine lange Zeit, brauchte die Moseltalbahn für gerade mal 103 Bahn-km.

Mit 25–30 km/h Durchschnittsgeschwindigkeit zuckelte sie durch die Landschaft, aber langweilig wurde es keinem Reisenden. Wer die phänomenalen Ausblicke auf die Mosellandschaft, die heute nur noch Schiffsreisende haben, schon zur Genüge kannte

Schleife gibt es neue Orte oder Burgen zu entdecken, ständig wechselt das Panorama. Man kann die Mosel mit dem Linienschiff zwischen Koblenz und Trier bereisen; erforderlich sind dafür mindestens eine Übernachtung und zweimaliges Wechseln des Schiffes. Gemütlicher ist es, sich mehr Zeit zu nehmen. Zahlreiche Unternehmen bieten Moselkreuzfahrten an, z. T. auch Mehrtagesfahrten. ℹ bei der Moselland-Touristik (s. S. 94) oder den Unternehmen: Personenschiffahrt Kolb, 56820 Briedern, ☏ 0 26 73/ 15 15; Michels Personenschiffahrt, Goldbachstr. 52, 54470 Bernkastel-Kues, ☏ 0 65 31/82 22; Rhein- und Moselschiffahrt Collée-Hölzenbein, Rheinzollstr. 4, 56068 Koblenz, ☏ 02 61/3 77 44; Bonner Personenschiffahrt, Brassertufer, 53111 Bonn, ☏ 02 28/63 18 81; Köln-Düsseldorfer, Frankenwerft, 50667 Köln, ☏ 02 21/ 20 88-318; Undine-Personenschiffahrt, 56812 Cochem, ☏ 0 26 71/74 31.

Eine Haltestelle der heutigen Eisenbahn: der Bahnhof Bullay

Schiffsverkehr bei Bernkastel-Kues

Die Fähre von Pünderich nach Marienburg

– oder die Windungen und Schleifen des Flusses, hoch drüber die Burgen, die kleinen Orte, deren Kirchtürme und Fachwerkgiebel spitz in den Himmel ragen –, der hielt sich an die hervorragenden Weine, die auf der Getränkekarte des Speisewagens standen: feinste Tropfen aus den Gemeinden an der Bahnlinie. In etwa 30 Orten machte das Moselbähnchen Station, der Fahrplan war leicht mit einer gutsortierten Weinkarte zu verwechseln. An Silvester 1967 hatte das Saufbähnchen seine letzte lange Fahrt; aus Rentabilitätsgründen wurde die Bahnlinie eingestellt. Unter wirtschaftlichen Aspekten wahrscheinlich zu Recht, aber für viele Besucher ist die Mosel damit um eine Attraktion ärmer geworden.

Unterkunft

An der Mosel gibt es eine Fülle von Unterkunftsmöglichkeiten. Die Palette reicht vom Luxushotel bis hin zu Jugendherberge oder Campingplatz. Privatzimmer mit Dusche und WC werden ab etwa 25 DM pro Person vermietet, im Hotel muß man für diesen Standard je Person mit mindestens 40 DM rechnen, in Koblenz und Trier mit erheblich mehr. Ferienwohnungen werden bereits ab 50 DM (für vier Personen pro Tag) angeboten. Eine Grundregel gilt es zu beachten: Hotels und Ferienwohnungen sollten möglichst vorgebucht werden. Wer ohne Voranmeldung unterwegs ist, sollte die lokalen Fremdenverkehrsämter aufsuchen, die auch bei der Vermittlung von Privatunterkünften weiterhelfen. Die Moselland-Touristik (s. Praktische Hinweise S. 94) verschickt auf Anfrage Listen mit Unterkunftsmöglichkeiten (inklusive Ferienwohnungen).

Hotels und Pensionen: Ausgesprochene Luxushotels finden sich nur wenige an der Mosel. Koblenz und Trier, Cochem und Bernkastel-Kues können mit solchen Unterkünften aufwarten. Im allgemeinen dominieren Mittelklasse- bis einfache Hotels. Sie sind meistens recht klein und bieten eine angenehm familiäre Atmosphäre. Die beliebtesten Unterkünfte sind Pensionen oder Privatquartiere. In vielen kleineren Orten sind fast ausschließlich Pensionen zu finden.

Camping: Die meisten Campingplätze liegen direkt an der Mosel und haben einen eigenen Zugang zum Wasser. Von Koblenz bis Trier sind sie in dichter Fülle zu finden. Bei einigen Plätzen lohnt sich allerdings das Vorbuchen, da dort viele Dauercamper ihren Wohnwagen stehen haben. Eine genaue Beschreibung fast aller Campingplätze erhält der ADAC-Campingführer, der in allen Geschäftsstellen des Automobilclubs zu erhalten ist.

Jugendherbergen: Jugendherbergen gibt es in Koblenz, Brodenbach, Cochem, Traben-Trarbach, Bernkastel-Kues, Trier, Saarburg, Mettlach-Dreisbach, Hermeskeil, Morbach und Idar-Oberstein. Die Adressen sind bei den Ortsbeschreibungen angegeben.

Ferienhäuser: Die beliebteste und preiswerteste Urlaubsmöglichkeit für Familien ist das Mieten eines Ferienhauses oder einer Ferienwohnung. Die Preise schwanken beträchtlich; je nach Ausstattung der Wohnung, des Hauses bzw. der Ferienanlage kann man einen Tagespreis von 50 DM oder auch 200 DM bezahlen. Ferienwohnungen werden ebenfalls in den Unterkunftsbroschüren der Mosellandtouristik aufgeführt. Besonders günstige Angebote für Familien, wie z. B. Ferienwohnungen, in denen das Mitbringen von Haustieren erlaubt ist, sind in der Saison schnell ausgebucht.

Bei Kröv, Leiwen und Saarburg liegen ganze Ferienhaussiedlungen. Sie nennen sich Ferienparks und umfassen zwischen 120 und 195 Bungalows, die von 2 bis 8 Personen bewohnt werden können. Hinzu kommen Freizeiteinrichtungen wie Schwimmbäder, Tennisplätze, Sport- und Kinderspielplätze sowie Restaurants, Waschsalon und Einkaufsmöglichkeiten. ℹ Aegon-Ferienpark Mont Royal, ☎ 0 65 41/20 47 für Kröv; Aegon-Ferienpark Sonnenberg, ☎ 0 65 07/3056 für Leiwen; Aegon-Ferienpark Warsberg, ☎ 0 65 81/9 14 60 für Saarburg.

Bauern- oder Winzerhöfe: Eine Alternative zu Hotels oder Pensionen bieten Bauern- und Winzerhöfe. In vielen Winzerhöfen kann man sich mittlerweile auch einmieten – meistens allerdings nur für mehrere Tage. Hier kann man nicht nur Urlaub machen, sondern noch zusätzlich die Arbeit in einem Weinberg kennenlernen und sein Wissen über den Wein theoretisch wie praktisch vertiefen.

*Koblenz

„Apud Confluentes", bei den Zusammenfließenden, nannten die Römer vor etwas mehr als 2000 Jahren ihre neugegründete Ansiedlung an der Mündung der Mosel in den Rhein. Die günstige Lage machte Koblenz nicht nur für die Römer attraktiv, es folgten Franken, der Deutsche Ritterorden, die Trierer Kurfürsten, die Franzosen – alle fühlten sich offensichtlich hier heimisch. Heute entdecken Besucher die enge Gassen der Altstadt, die Kulturdenkmäler der Jahrhunderte, aber auch die vielen Cafés oder das Weindorf an der Rheinbrücke.

Geschichte

Seine 2000-Jahr-Feier hat Koblenz inzwischen schon einige Jahre hinter sich. Zwar läßt sich das Gründungsjahr 9 v. Chr. nicht urkundlich belegen, aber nach Hochrechnungen entschieden sich die Koblenzer dafür, 1992 den 2000. Jahrestag ihrer Stadtgründung zu feiern.

Ihren Überlegungen ist leicht zu folgen: Der römische Feldherr Drusus ließ bei seinen Eroberungen in Germanien zwischen 12 und 9 v. Chr. in den bereits besetzten Gebieten Kastelle anlegen. Da der Zusammenfluß von Mosel und Rhein eine strategisch sehr wichtige Stelle ist und Drusus weiter nördlich das eine oder andere Kastell gründete, kann man davon ausgehen, daß Koblenz eine Gründung von Drusus ist. Der starb 9 v. Chr.; Koblenz mußte also zu diesem Zeitpunkt schon existiert haben. Es wird allerdings vermutet, daß bereits vor den Römern hier Trevererstämme siedelten, denn zumindest auf den Höhen von Rhein und Mosel hatten sich diese bereits früher niedergelassen. Tatsächlich verbürgt ist die Geschichte von Koblenz aber erst seit der

Das Scandic Crown-Hotel in Koblenz

Die Jugendherberge in der Festung Ehrenbreitstein

Einen romantischen Anblick bietet das Rheinufer bei Koblenz

Zeitenwende. Zwischen 14 und 37 n. Chr. ließ der römische Kaiser Tiberius am Moselübergang die Heerstraße von Mainz nach Köln befestigen. Aber es entstand nicht nur ein Heerlager; gleichzeitig wurde eine Bürgersiedlung angelegt. Diese Siedlung wurde 70 von Batavern zerstört, wieder aufgebaut und 259/60 durch Franken erneut abgebrannt. 330 ließ Konstantin der Große das Lager erneut befestigen, und diesmal wurde sogar eine erste Moselbrücke gebaut. Bis dahin hatte man den Fluß per Boot oder auf einer Furt überqueren müssen. Im 5. Jh. büßten die Römer ihre Vorherrschaft ein, und die Franken überschritten den Rhein. Koblenz, obwohl wenig später fränkische Königspfalz, war zunächst unbedeutend. Erst im Zuge der Reichsteilung 843 wurde die Stadt wichtig – schließlich hatten in der St.-Kastor-Kirche die Vorverhandlungen zur Reichsteilung stattgefunden. Auch wenn es die Koblenzer vielleicht nicht so gerne hören, so stand die Stadt im Mittelalter wie auch schon zur Römerzeit im Schatten Triers. Sie gehörte zum Erzstift Trier, wurde zweite Residenz und hatte Stapelrecht für alle Güter, die an beiden Wasserstraßen die Ufer passierten. Oft versuchten sich die reichgewordenen Bürger von der politischen Vorherrschaft der Trierer zu befreien, aber das gelang nie. Bis 1794 dauerte diese an – zwischenzeitlich hatte Koblenz im Dreißigjährigen Krieg und in den Reunionskriegen schwer gelitten –, dann eroberten erneut französische Truppen, diesmal die der Revolution, die Stadt. Koblenz wurde Verwaltungssitz des Departements Rhin-et-Moselle. Der Wiener Kongreß sprach 1815 Koblenz Preußen zu; Die Stadt an der Moselmündung wurde Hauptort der Rheinprovinz. Wie in den Kriegen zuvor mußte Koblenz auch in den beiden Weltkriegen seiner strategisch günstigen Lage Tribut zollen; 1945 war die Stadt weitgehend zerstört. Für kurze Zeit war Koblenz auch Landeshauptstadt des 1947 gegründeten Bundeslandes Rheinland-Pfalz, bevor 1950 der Regierungssitz nach Mainz verlegt wurde. Heute besitzt Koblenz mit seinen 110 000 Einwohnern alle Attribute einer modernen Großstadt. Es ist ein wichtiges Einkaufszentrum für die Rhein- und Mosellande, Hochschulstandort und Verkehrsknotenpunkt. Und auch jetzt ist die Stadt ein großer – viele meinen zu großer – Militärstützpunkt.

Stadtrundgang

Kurz vor ihrer Mündung in den Rhein macht die Mosel noch einen kleinen Schlenker, so daß die beiden Flüsse in einem recht spitzen Winkel zusammentreffen. Dieser Winkel wird

Deutsches Eck ❶ genannt, seitdem der deutsche Ritterorden 1216 hier seine erste Niederlassung auf deutschem Boden errichtete. Von 1953 bis 1990 war das Deutsche Eck „Mahnmal für die deutsche Einheit“. Heute finden sich hier drei Stücke aus der Berliner Mauer. Vor allem aber steht auf seinem riesenhaften Sockel wieder das Reiterstandbild Kaiser Wilhelms I., ein sowohl künstlerisch als auch politisch höchst umstrittenes Denkmal. Es wurde 1893–97 errichtet und in den letzten Tagen des Zweiten Weltkriegs zerstört. Ein privater Spender stiftete eine Bronzekopie des Kaiserdenkmals, die rheinland-pfälzische Landesregierung nahm das Geschenk an, und so sitzt der Kaiser seit 1993 wieder hoch zu Roß. Geht man von dem Denkmal einige Schritte rheinaufwärts, gelangt man an das

Deutschherrenhaus/Museum Ludwig ❷. Das Deutschherrenhaus war die erste Niederlassung des Deutschen Ordens. Ursprünglich standen hier mehrere Gebäude von beeindruckenden Ausmaßen, sie wurden aber im Zweiten Weltkrieg zerstört. Ein Gang durch den kleinen Park vermittelt einen Eindruck von der einstigen Größe, denn Überreste der alten Bauten sind noch gut zu erkennen. Erhalten blieb der Rheinbau, er dient heute dem Museum Ludwig. Der Kunstsammler Peter Ludwig, der in

Koblenz geboren wurde und auch in Aachen und Köln mit bedeutenden Museen vertreten ist, stattete das Museum mit Schenkungen und Dauerleihgaben aus; der Schwerpunkt der Sammlung liegt auf zeitgenössischer, speziell französischer Kunst. ⌚ Di/Mi/Fr/Sa 11–17, Do 11–20, So 11–18 Uhr.

Nur wenige Schritte sind es bis zur

***Basilika St. Kastor** ❸. Eng stehen die beiden hohen, schlanken Türme der Westfassade beieinander. An ihnen läßt sich gut die Entwicklung des romanischen Stils erkennen: Ihr enges Beieinander spricht dafür, daß ihre Fundamente identisch mit denen des Ursprungsbaus von 836 sind. Die unteren Geschosse sind schlicht, sie besitzen keinerlei Schmuck. Je weiter der Bau wuchs und je später die Geschosse entstanden, desto reicher wird der architektonische Schmuck, desto stärker wird die Fassade durch Fenster aufgelockert. Beim Rundgang um die Kirche sollte man sich auch den romanischen Ostchor ansehen: Phantasievoll wur-

Die Basilika St. Kastor

- ❶ Deutsches Eck
- ❷ Deutschherrenhaus/ Museum Ludwig
- ❸ Basilika St. Kastor
- ❹ Florinsmarkt
- ❺ Alte Burg
- ❻ Balduinsbrücke
- ❼ Plan
- ❽ Liebfrauenkirche
- ❾ Schängelbrunnen
- ❿ Weindorf
- ⓫ Kurfürstliches Schloß
- ⓬ Festung Ehrenbreitstein

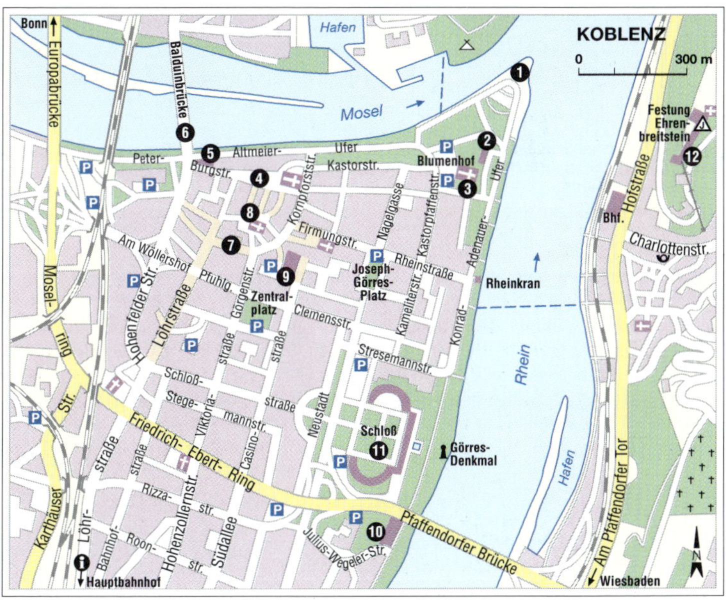

den die drei Geschosse übereinandergesetzt, Beachtung verdienen Details wie die Säulen, die zum Teil auf kauernden Löwen aufgesetzt sind. Den größten Eindruck im Innern macht das farbenprächtige Gewölbe. Das Langhaus ist mit einem gotischen Sterngewölbe (so genannt, weil die die Spannung tragenden Rippen sternförmig auseinanderlaufen) gedeckt. Der *Brunnen* auf dem Klosterhof vor der Kirche wurde während der napoleonischen Besatzungszeit aufgestellt. Interessant sind vor allem die Inschriften: Die Franzosen rühmten darauf den siegreichen Feldzug Napoleons gegen Rußland. Nach Napoleons Niederlage bei Leipzig marschierte aber 1814 die russische Armee nach Koblenz ein. Deren Oberbefehlshaber hatte Humor: Er ließ unter den französischen Schriftzug den Zusatz „gesehen und genehmigt durch den russischen Stadtkommandanten" anbringen. Wer zuletzt lacht …

Vorbei am Denkmal für den ersten Ministerpräsidenten von Rheinland-Pfalz, Peter Altmeier (1899–1977), und dem Gasthaus „Deutscher Kaiser", einem wohnturmartigen Haus, das als einziges Gebäude in diesem Teil der Altstadt nicht im Krieg zerstört wurde, gelangt man auf den

Florinsmarkt ❹. Dort steht die *Florinskirche,* deren Türme spitz in den Himmel ragen. An die Kirche schließt sich das ehemalige Kapitelhaus des Florin-Stiftes aus dem Jahr 1216 an. Hier war Nikolaus von Kues (s. S. 80) Dekan. Im Sommer ist das Gittertor links neben der Kirche geöffnet, man kann zum ehemaligen Kreuzgang gehen, in einen der romantischsten Winkel der Koblenzer Altstadt. Ebenfalls am Florinsmarkt liegt das spätgotische „Kauf- und Danzhaus" (1419–1425 erbaut), in dem heute das **Mittelrhein-Museum* der Stadt untergebracht ist. Zunächst verdienen das Haus und sein Nebengebäude, das Schöffenhaus von 1528/30, einen Blick, denn sie bilden eines der schönsten Ensembles in der Altstadt. Über dem Museumseingang ist der

Denkmal am Deutschen Eck

… ein freier Platz, ich sah hoch … und fiel beinah um.

Da stand – Tschingbumm! – ein riesiges Denkmal Kaiser Wilhelms des Ersten: ein Faustschlag aus Stein. Zunächst blieb einem der Atem weg.

Sah man näher hin, so entdeckte man, daß es ein herrliches, ein wilhelminisches, ein künstlerisches Kunstwerk war. Das Ding sah aus wie ein gigantischer Tortenaufsatz und repräsentierte jenes Deutschland, das am Kriege schuld gewesen ist – nun wollen wir sie dreschen! In Holland.

Zunächst einmal ist an diesem Monstrum kein leerer Fleck zu entdecken. Es hat die Ornamenten-Masern.

Oben jener, auf einem Pferd, was: Pferd! auf einem Roß, was: Roß! auf einem riesigen Gefechtshengst wie aus einer Wagneroper, hoihotoho! Der alte Herr sitzt da und tut etwas, was er all seine Lebtage nicht getan hat: Er dräut in die Lande, das Pferd dräut auch, und wenn ich mich recht erinnere, wallt irgendeine Frauensperson um ihn herum und beut ihm etwas dar. Aber da kann mich meine Erinnerung auch täuschen … vielleicht gibt sie dem Riesen-Pferdchen auch nur Zuckerchen. Und Ornamente und sich bäumende Reptile und gewürgte Schlangen und Adler und Wappen und Schnörkel und erbrochene Lilien und was weiß ich … es war ganz großartig. Ich schwieg erschüttert und sah Jakoppn an.

„Ja", sagte Jakopp, „das ist das Kaiser-Wilhelm-Denkmal am Deutschen Eck."

Kurt Tucholsky (1930)

„Augenroller“ zu sehen, ein schwarzer Männerkopf, der unermüdlich mit den Augen rollt und zum Stundenschlag sogar die Zunge herausstreckt. Die Augen sind mit dem Pendel einer Uhr verbunden, daher bewegen sie sich ständig hin und her. Dazu gibt es zwei Überlieferungen. Der einen zufolge soll er den Ritter Johann Lutter von Kobern darstellen, der 1536 als Räuber verurteilt und hingerichtet wurde. Der habe nämlich bei der öffentlichen Enthauptung noch schnell Publikum und Henker seine Zunge gezeigt. Wahrscheinlicher ist aber eine andere Geschichte, die auf das Ende des 13. Jhs. zurückgeht. Damals stritten sich die Koblenzer Bürger mit dem Trierer Erzbischof Heinrich von Vinstingen. Nach dessen Tod ließen sich die Koblenzer ein neues Schöffensiegel prägen, darauf die schwarze Fratze. 1304 war es aber bereits mit den Ansätzen der Koblenzer Selbstverwaltung wieder vorbei, Erzbischof Diether von Nassau unterwarf die Stadt erneut, der Augenroller verschwand wieder aus dem Schöffensiegel. Die Fratze ist also wohl ein Zeichen bürgerlicher Unabhängigkeit.

Das Mittelrhein-Museum verlangt Zeit. Wer nur wenig mitbringt, sollte sich auf eine Abteilung konzentrieren, schließlich umfassen die Sammlungen Kunstwerke vom 12. bis zum 20. Jh. Ein Schwerpunkt und eine Besucherattraktion sind die Rheindarstellungen. Hier findet man romantische Werke des 19. Jhs. ebenso wie die expressionistischen Gemälde Emil Noldes oder George Groszs bissig-ironische Darstellung der Rheinlandschaft. Andere Abteilungen bieten Kunst des Mittelalters, darunter wertvolle Skulpturen, niederländische Malerei des 16. bis 18. Jhs., Barockmalerei, Archäologie und Werke zur Stadtgeschichte. 🕓 Di bis Sa 11–17, Mi 11–20, So 11–18 Uhr.

Der Trierer Erzbischof Heinrich von Vinstingen hatte wie erwähnt häufig Ärger mit den Koblenzern. Um ihrer Herr zu werden, ließ er sich im 13. Jh. eine Trutzburg, die heutige

Heute ein wenig schmuckloser als einst: das Kaiser-Wilhelm-Denkmal

Florinsmarkt und Florinskirche

Die romantische alte Balduinsbrücke

Alte Burg ❺, erbauen. Vom ursprünglichen Bau ist allerdings wenig erhalten; Umbauten und Zerstörungen in den folgenden Jahrhunderten waren durchschlagend. Das heutige Gebäude beherbergt die Stadtbibliothek mit dem Stadtarchiv. Von der Alten Burg ist die

Balduinbrücke ❻ über die Mosel gut zu sehen. Es lohnt sich, sie zu überqueren, denn vom Stadtteil Lützel aus hat man einen schönen Blick über die Moselbrücke hinweg auf die Koblenzer Altstadt. Schon der englische Maler George C. Stanfield fand das, er malte 1858 „Koblenz und Ehrenbreitstein" sowie 1863 „Ehrenbreitstein durch einen Bogen der Balduinbrücke". Beide Bilder sind im Mittelrhein-Museum zu bewundern; vielleicht finden Sie ja den Standort des Malers wieder. Die Balduinbrücke wurde ab 1332 auf Geheiß des Erzbischofs Balduin (1307–54) erbaut und war die erste steinerne Moselbrücke. Wegen der Staustufen der Mosel mußten in den letzten Jahrzehnten jedoch einige Bogen und Pfeiler abgebrochen werden.

Zurück geht es Richtung Innenstadt und in den Altengraben. An der Ecke der Marktstraße stehen die *vier Türme*. So werden die vier prächtigen Fachwerkbauten genannt, die Ende des 17. Jhs. entstanden und nach dem Zweiten Weltkrieg wieder aufgebaut wurden.

Die Marktstraße und ihre Verlängerung Löhrstraße führen zum Bahnhof, sie sind auf dem ersten Stück Fußgängerzone und die wichtigsten Einkaufsstraßen von Koblenz. Wer einkaufen will, ist hier gut aufgehoben – besonders im Löhr-Center mit 130 Geschäften. Und wer sich dann vom Einkaufen erholen möchte, sollte weiter zum

Plan ❼ gehen, dem Treffpunkt von Einheimischen und Besuchern, seit Jahrhunderten Markt- und Festplatz, noch heute Auftrittsbühne für Gaukler und Musikanten. Für das leibliche Wohl wird hier bestens gesorgt, mehrere Cafés und Restaurants laden ein.

Unschwer zu finden ist die

Liebfrauenkirche ❽. Ihre Zwiebeltürme überragen die Innenstadt. Die Liebfrauenkirche stellt wie alle anderen Kirchen in Koblenz ein Stilgemisch dar, aber ein sehr offensichtliches: zwei romanische Türme mit barocken Turmhauben, dazu ein romanisches Langhaus mit gotischem Chor, die farblich von der Turmfassade abgesetzt sind. Interessant sind die modernen Glasfenster im Chor; sie wurden 1992 von dem Künstler Hans Gottfried von Stockhausen gestaltet. Ihr Thema ist die Darstellung von Frauen in der Heilsgeschichte. Um alle Details würdigen zu können, empfiehlt es sich, ein Fern- oder Opernglas mitzunehmen. Am nahegelegenen Jesuitenplatz steht das *Rathaus*, 1695 als Jesuitenkolleg erbaut. Besucherattraktion ist aber der

Schängelbrunnen ❾, das vielleicht sympathischste Wahrzeichen der Stadt. Der Brunnen mit einem bronzenen Knaben wurde von Carl Burger 1940 geschaffen. Sein Name ist ein Produkt deutsch-französischer Kooperation. Jean wurde im Dialekt zuerst zu „Schang", schließlich das Hänschen zum „Schängelche". Vorsicht, sonst werden Sie von dem Lausbub Schängel unangenehm überrascht: Der spuckt nämlich in kurzen Zeitabständen einen kräftigen Wasserstoß auf die Straße.

Durch Firmung- und Rheinstraße erreicht man den Rhein am Konrad-Adenauer-Ufer, wo auch das Touristik-Amt sein Büro hat. Mit Blick auf Strom und Ehrenbreitstein geht es rheinaufwärts. Der Weg führt an der Rheinseite des Schlosses und am Denkmal für den berühmten Sohn der Stadt Joseph Görres (s. S. 20) vorbei und unter der Pfaffendorfer Brücke hindurch zum

Weindorf ❿. Dort bietet sich Erholung von der Besichtigungstour. Zur „Reichsausstellung Deutscher Wein" wurden hier 1925 vier Winzerhäuser aus verschiedenen Weinbaugebieten Deutschlands aufgebaut – ganz passend, denn Koblenz ist die einzige

Stadt, die gleichzeitig in zwei Weinbaugebieten – Mosel und Rhein – liegt. Insgesamt haben 2000 Personen unter freiem Himmel und in den vier Häusern Platz. Von Ostern bis Ende Oktober gibt es jeden Abend Musik, Tanz und Unterhaltung. 🕓 tägl. 11–24 Uhr, Ostern–Ende Okt. tägl. ab 19 Uhr Musik, Tanz, Unterhaltung, So ab 10.30 Uhr Frühschoppenkonzerte und ab 16 Uhr Tanztee, Fr ab 19 Uhr und auf Bestellung Weinproben. Zahlreiche Feste während der Saison, jeden Do „Rheinischer Abend", letzte Woche im Mai „Weinwoche", 3. Wochenende im Juni „Weinblütenfest", letztes Wochenende im Juni „Rosenfest".

Das lichte Kirchenschiff der Liebfrauenkirche

Abermals unter der Pfaffendorfer Brücke hindurch geht es zur Straße Neustadt. Der Name ist treffend, liegt dieser Teil von Koblenz doch außerhalb der alten Stadtmauer. Er wurde erst im 18. Jh. angelegt, ebenso wie das rechter Hand liegende ehemalige

Kurfürstlichen Schloß ⓫. Kurfürst Clemens Wenzeslaus ließ es 1777–86 im Stil des französischen Klassizismus bauen. Er hatte aber nicht lange Freude an seiner imposanten Anlage, denn als die französischen Revolutionstruppen 1794 nach Koblenz kamen, mußte der Kurfürst gehen. Das Schloß mit der 160 m breiten Front ist nicht zu besichtigen, es wird heute als Behördensitz genutzt. Gleichzeitig mit dem Schloß entstand das gegenüberliegende Stadttheater.

Das Moselufer mit Florinskirche und Alter Burg

Vom Theater geht es wieder hinunter zum Rheinufer. Etwa auf Höhe der Rheinkrans liegt die Anlegestelle für das Fährboot, mit dem man über den Rhein setzen kann. Das Ziel ist gut zu sehen; es ist die

Das ehemalige Kurfürstliche Schloß

* **Festung Ehrenbreitstein ⓬**. Um sie zu erreichen, muß erst der 118 m hohe Ehrenbreitstein erklommen werden. Der Weg führt vorbei an dem Kurfürstlichen Verwaltungsgebäude, das 1739

nach Plänen von Balthasar Neumann und Johannes Seitz erbaut wurde, zur Talstation des Sesselliftes. Man kann auch über die Straße oder einen doch recht steilen Fußweg nach oben kommen. Der Hügel gegenüber der Stadt Koblenz sowie dem Zusammenfluß von Mosel und Rhein war strategisch enorm wichtig. Schon um das Jahr 1100 ließ ein Fürst Erembert eine erste Festung anlegen. Sie wurde ständig erweitert und war schließlich so groß, daß sie nicht mehr gewaltsam genommen werden konnte. Lediglich aushungern konnte man die Bewohner. Als die Franzosen sich 1801 aus den Rheinland zurückzogen, sprengten sie die alte Festung in die Luft, aber die Preußen begannen nach 1815 direkt wieder mit dem Neuaufbau. Sie schufen bis 1828 eine der größten und stärksten Festungen Europas. Von oben hat man einen wunderbaren Blick über Koblenz und das Deutsche Eck, aber auch weit in den Westerwald, die Eifel und den Hunsrück hinein. Bei jungen Besuchern ist die Jugendherberge in der Festung sehr beliebt. Ebenfalls in der Festung befindet sich das *Landesmuseum,* dessen Ausstellungen sich vorwiegend der Technikgeschichte widmen. Vertreten ist hier auch ein berühmter Moselaner, der Ingenieur August Horch aus dem Weinort Winningen, der eine weltbekannte Firma gründete, die in lateinischer Fassung seinen Namen trägt: Audi. ◷ Mitte März–Ende Nov. tägl. 9–12.30, 13–17 Uhr.

⛴ Sommer tägl. 7–19 Uhr, Winter tägl. 8–17 Uhr.
🚡 zur Festung: Juni–Aug. tägl. 9–18, Sept. 10–18, Ostern–31. Mai 10–17 Uhr.

Praktische Hinweise

ⓘ Touristik- und Congressamt, Postfach 20 80, 56020 Koblenz, ☎ 02 61/3 31 34 oder 1 29 38 03, 📠 1 29 38 00.

Ⓗ **Scandic Crown-Hotel,** Julius-Wegeler-Straße 6, 56068 Koblenz, ☎ 02 61/13 60, 📠 1 36 11 99. Das größte und teuerste Hotel der Stadt, exklusiv und mit allem Komfort, behindertengerecht ausgestattet. $$$
Hotel Kroppenberg, Clemensstraße 17, 56068 Koblenz, ☎ 02 61/3 29 73. Gepflegt und gutbürgerlich. $$

Wer preiswerte Alternativen sucht, sollte auf die Koblenzer Vororte ausweichen. So finden sich beispielweise in den Stadtteilen Ehrenbreitstein und Güls eher einfache, familiäre Pensionen, z. B. in Ehrenbreitstein: **Pension Mäckler,** Helffensteinstraße 63–65, 56077 Koblenz, ☎ 06 21/7 39 27. $
Güls: **Pension Haus Ursula,** Steinbirkerweg 2, 56072 Koblenz, ☎ 02 61/4 46 76. $
Die **Jugendherberge** in Koblenz ist aufgrund ihrer Lage in der Festung Ehrenbreitstein besonders beliebt. Sie hat knapp 200 Betten in Mehrbett-, aber auch Familienzimmern. Trotz der Größe ist eine Voranmeldung zu empfehlen. Jugendherberge Koblenz, Festung Ehrenbreitstein, 56077 Koblenz, ☎ 02 61/7 37 37, 📠 70 27 07.

Ⓡ **Ratsstuben** und **Ratskeller,** Am Plan 9–11. Die guten Stuben der Stadt direkt am Hauptplatz bieten Gutbürgerliches drinnen und draußen; empfehlenswert nicht nur an schönen Tagen. $$
Altes Brauhaus, Braugasse 4. Die Küche hält, was der Name verspricht: deftige Kost in nicht zu kleinen Portionen. $$
Brasserie Faustus, Am alten Hospital/Ecke Eltzerhofstraße. Modern eingerichtet, dennoch gemütlich. Leichte Kost, im Sommer auch auf der Terrasse. $$
Gegenüber: das **Hospitälchen,** ebenfalls freundlich, etwas rustikaler. $$
Café Miljöö, Etzegäßchen/Ecke Gemüsegasse, klein, behaglich, $.
Wer **Straußwirtschaften** sucht, sollte sich in Koblenz-Lay und in Koblenz-Moselweiß umsehen. Sichere Tips sind von Juli bis Okt. die Winzer Reinhold Becker (Marienstätter Str. 7) und Hans Mader (Maistr. 8) in Lay sowie Herbert Wirges (Bahnhofweg 5) in Moselweiß.

**Trier

„Ante Romam Treveris stetit annis mille trecentis" – „1300 Jahre vor Rom stand Trier", so heißt es auf einer mittelalterlichen Inschrift am Roten Haus im Zentrum der alten Bischofsstadt. Das trifft zwar nicht zu, aber Trier ist zumindest die älteste Stadt im deutschen Sprachraum. Vor über 2000 Jahren wurde sie von den Römern gegründet, und die Geschichte ist auf Schritt und Tritt erfahrbar. Nicht nur die Römer hinterließen Spuren, sondern auch die Erzbischöfe, die jahrhundertelang den Ehrgeiz hatten, die Stadt in ihrem Sinne zu verschönern. Dennoch ist Trier heute kein Freilichtmuseum, sondern eine lebhafte Beinahe-Großstadt, Verkehrsknotenpunkt, Dienstleistungszentrum, Universitätsstadt und Einkaufsmetropole für die westliche Eifel-, Mosel- und Hunsrückregion, aber auch für Besucher aus Luxemburg und Frankreich.

Wahrzeichen Triers: die Porta Nigra

Das Kurfürstliche Palais und die Palastaula zu Trier

Geschichte

Daß Trier älter als Rom sei, diese Historie stammt aus dem Geschichtsbuch eines Mönchs aus dem 12. Jh. Es berichtete vom assyrischen Königssohn Trebeta, der ungefähr im Jahre 2000 v. Chr. vor der leidenschaftlichen Liebe seiner Stiefmutter Semiramis aus dem Orient geflohen sei und schließlich Ruhe an der Mosel gefunden habe. Dort gründeten er und seine Begleiter die Stadt Trier.

Einen wahren Kern hat diese Legende: Der Trierer Raum ist ein uraltes Siedlungsgebiet. Bereits in der Steinzeit waren die Buntsandsteinhöhlen der Umgebung bewohnt. Um et-

Traditionsreich und imposant: Die Festung Ehrenbreitstein

wa 2000 v. Chr., also 1300 Jahre vor der Gründung Roms im Jahre 753, existierte im heutigen Stadtgebiet vermutlich schon eine Dauersiedlung.

Historisch belegbar wird die Geschichte der Region aber erst mit den Römern: Gaius Julius Caesar nahm bereits 58 v. Chr. Kontakt zu den keltischen Treverern auf; um 16 v. Chr. ließ Kaiser Augustus dann eine Stadt gründen: Augusta Treverorum. Trier wuchs und entwickelte sich zur wichtigsten Stadt nördlich der Alpen. Schließlich war die Stadt von 293 bis 395 gar Residenz von sechs römischen Kaisern, darunter Konstantin der Große. Trier war zur Weltstadt geworden und hatte den Beinamen „Secunda Roma“ (zweites Rom); es wurde in einem Atemzug mit Rom, Alexandria und Konstantinopel genannt. 70 000 Einwohner drängelten sich in den rechtwinklig aufeinander zulaufenden Straßen.

Nach dieser Blütezeit ging es zunächst bergab. Die römischen Kaiser verlegten erst ihre Residenz, dann die Verwaltung ihrer Provinz nach Süden. Trier wurde mehrfach erobert und geplündert, zuletzt beim Normannensturm 882. Daß Trier nicht verfiel, ist der Kirche zu verdanken, denn seit dem 3. Jh. war die Stadt Bischofssitz. Die Bischöfe sicherten sich nach dem Rückzug der Römer immer mehr Einfluß, und zu Beginn des 10. Jhs. übernahmen sie auch noch die weltliche Macht. Ab der Mitte des 13. Jhs. waren die Erzbischöfe zugleich Kurfürsten. Sie durften nun bei der Wahl des deutschen Königs mitstimmen, was ihnen größeren politischen Einfluß brachte. Den wußten sie zu nutzen – so vergrößerte Erzbischof Balduin von Luxemburg im 14. Jh. das Trierer Gebiet bis in den Westerwald. Unangefochten war die Macht der Bischöfe jedoch nicht: In der Stadt kämpfte das Bürgertum um Unabhängigkeit. Die stolze Gesinnung der Bürger schlug sich in verschiedenen Bauten nieder, am sichtbarsten in der Marktkirche St. Gangolf, der Kirche des Bürgertums. Eine reiche Bürgersfrau stiftete Anfang des 16. Jhs. Mittel zur Aufstockung des hoch aufragenden Turms, der damit zum höchsten Turm Triers wurde. Daraufhin ließen die Bischöfe prompt den Glockenturm des Domes erhöhen nach dem Motto „Wer den höchsten Turm hat, hat auch die meiste Macht“.

Reformation, Dreißigjähriger Krieg sowie ständig neue Belagerungen durch französische, spanische und auch deutsche Truppen führten dazu, daß Trier immer mehr an Bedeutung verlor; 1651 hatte die Stadt schließlich nur noch 3600 Einwohner. Nach dem Abzug französischer Truppen 1737 beherrschten für kurze Zeit die Kurfürsten wieder die Stadt, bis 1794 die französische Revolutionsarmee Trier besetzte. Im Rahmen der Neuordnung Europas durch den Wiener Kongreß 1815 kam das Moselgebiet zum Königreich Preußen. Zwar wurde Trier Hauptstadt eines Regierungsbezirks, aber die Lage am Westrand des Reiches war alles andere als attraktiv. Erst im 20. Jahrhundert machten die deutsch-französischen Verträge und der Zusammenschluß der EU-Länder Trier – auch wirtschaftlich gesehen – wieder zu einem interessanten Standort.

Stadtrundgang

„Sieh um Dich“ heißt eine schmale Gasse in der Nähe des Domes. Diese Aufforderung gilt es beim Stadtrundgang zu beherzigen. Zwischen den vielen großen Sehenswürdigkeiten gibt es Lohnendes, das man leicht übersehen kann: enge Gassen, stille Winkel, alte Bürgerhäuser, schöne Plätze oder auch „nur“ ein besonderes schönes Detail an einem der alten Gemäuer. Den Rundgang beginnt man am besten an der

** **Porta Nigra** ❶, dem unbestrittenen Wahrzeichen der Stadt. Das Tor trägt seinen Namen zu Recht, obwohl der Stein, aus dem es erbaut wurde, eigentlich ein heller Buntsandstein ist. Er verwitterte und färbte sich dunkel, und so bekam das Bauwerk im Mittelalter den

Namen Porta Nigra, schwarzes Tor. Es wurde Ende des 2. Jhs. erbaut und besteht aus einzelnen großen Sandsteinquadern, die ohne Mörtel zusammengefügt wurden. Eisenklammern, die aber im Laufe der Jahrhunderte von Metalldieben gestohlen wurden, hielten sie zusammen. Das Tor blieb dennoch erhalten – ein Beweis für das hohe Niveau der antiken Bautechnik. Die Porta Nigra war das nördliche Stadttor der Römerstadt. Der monumentale Bau – 30 m hoch, 36 m breit und über 21 m tief – ist der größte erhaltene Torbau der Römerzeit überhaupt. Er besteht aus einem Doppeltor mit zwei halbrunden Türmen. Über den beiden Torbogen erheben sich zwei Geschosse, im Westen sogar noch ein drittes. 🕓 Anf. April–30. Sept. tägl. 9–18, 1. Okt.–Anf. April tägl. 9–17, Dez. 10–16 Uhr.

St. Gangolf mit dem Petersbrunnen

An der Ostseite der Porta Nigra befindet sich ein halbrunder Anbau, der Chor der mittelalterlichen *Simeonkirche*. 1028 war der syrische Mönch Simeon mit dem Trierer Erzbischof Poppo von einer Pilgerfahrt aus Jerusalem gekommen. Simeon ließ sich in einer Zelle der Porta einmauern – nur durch ein Fenster hielt er Kontakt zur Außenwelt. Nach seinem Tode 1035 ließ Erzbischof Poppo – beeindruckt vom Leben des 1041 auch heiliggesprochenen Simeon – ein Stift zu Ehren des Einsiedlers errichten und die Porta zu einer Kirche umbauen. Napoleon befahl 1803, die Porta Nigra zu restaurieren und alle nichtrömischen Bauteile zu entfernen. Die französischen Baumeister leisteten (fast) ganze Arbeit: Nur den Chor der Simeonkirche hielten sie wohl fälschlicherweise ebenfalls für römisch. – Direkt an die Porta Nigra schließt sich das

Hauptmarkt mit Steipe und Marktkreuz

Simeonstift ❷ an. Von dem ursprünglichen Bauwerk existieren der zweigeschossige Kreuzgang, der noch aus der Gründerzeit im 11. Jh. stammt und daher einer der ältesten in Deutschland

Der heilige Petrus auf dem Brunnen

ist, sowie Teile des Gebäudes, in dem heute das *Städtische Museum Simeonstift* untergebracht ist. Wer sich über die Trierer Stadtgeschichte informieren möchte, sollte das Museum aufsuchen – besonders reizvoll das Stadtmodell „Trier um 1800". ⌚ Di–Fr 9–17, Sa/So 9–15 Uhr (Nov.–März Sa/So 9–13 Uhr). Im Simeonstift ist auch die Stadtinformation untergebracht.

Von der Porta Nigra führt die Simeonstraße in Richtung Hauptmarkt und Dombezirk. Sie ist Teil der Fußgängerzone und Einkaufsstraße. Läden und Cafés reihen sich aneinander, dazwischen auch viele architektonisch interessante Häuser. Prunkstück der Straße ist das *Dreikönigenhaus,* ein frühgotisches Gebäude aus dem frühen 13. Jh. Ins Auge fallen die drei Reihen von Rundbogenfenstern. In der unteren Reihe befindet sich neben den Fenstern eine Tür; sie war ursprünglich der einzige Eingang des Hauses. Trier bekam erst 1248 eine Stadtmauer, bis dahin mußte sich jedes Haus selbst verteidigen. Da war ein Eingang in sechs Meter Höhe, der nur über eine Holztreppe zu erreichen war, schon sehr nützlich. Bald ist man am

Hauptmarkt ❸ angekommen. Hier setzt man sich am besten zunächst in ein Café oder auf eine Bank und läßt Platz, Architektur und Leben auf sich wirken. Samstags vormittags ist hier Markt und der Trubel am größten. Am Hauptmarkt weiß man gar nicht, wohin man zuerst sehen soll: auf die Bauten um den Platz, das Marktkreuz oder die Marktkirche, auf die Musiker oder Zauberer, die im Sommer Touristen und Einheimische unterhalten ... oder in die Speisekarte des Restaurants „Domstein". Der Platz hat einiges an Sehenswürdigkeiten zu bieten. Die beiden auffälligsten Gebäude sind das Rote Haus und die Steipe. Die *Steipe* war das Fest- und Trinkhaus der Trierer Ratsherren. Sie wurde 1481/82 gebaut und demonstrierte mit ihrer Pracht das Selbstbewußtsein der Trierer Bürger gegenüber ihrem Bischof und Kurfürsten. Das Wort Steipe leitet sich von den Arkaden ab – Steipe bedeutet in Trierer Mundart Stütze. Am Giebel des danebenstehenden *Roten Hauses* (1684 erbaut, wie die Steipe 1944 zerstört und später wiederaufgebaut) findet sich in großen goldenen Lettern die anfangs zitierte Inschrift, die auf die legendäre vorrömische Gründung Triers verweist.

Das 5 m hohe *Marktkreuz* (eine Kopie; das Original steht im Städtischen Museum) in der Mitte des Platzes ist nicht zu übersehen. Es stammt von 958; Erzbischof Heinrich ließ es als Symbol des Marktfriedens und der erzbischöflichen Herrschaft über die Stadt aufstellen. Der *Petrusbrunnen* aus dem Jahre 1595 ist dem Stadtheiligen gewidmet. Hans Ruprecht Hoffmann errichtete den Brunnen mit den vier Figuren der Tugenden Klugheit, Gerechtigkeit, Mäßigung und Stärke. Die vier Figuren sind Nachbildungen, die Originale befinden sich im Städtischen Museum Simeonstift.

Überragt wird der Markt vom Turm der *Marktkirche St. Gangolf,* die im 10. Jh. erbaut und in gotischer und barocker Zeit umgestaltet wurde. Auffälligster Umbau war die bereits erwähnte Aufstockung des Turmes im 16. Jahrhundert, als Adelheid von Beselich, die Witwe des in der Verbannung gestorbenen Bürgermeisters Clas von Zerf, den Turm erhöhen ließ. Auch wenn es vom Markt aus nur ein Katzensprung bis zum Dom ist, empfiehlt sich ein kurzer Schlenker durch die Dietrichstraße. Dort befindet sich der

Frankenenturm ❹, ein nahezu fensterloses burgähnliches Gebäude aus dem 11. Jh., das damals einem Stadtadligen gehörte. Es ist der einzige Wohnturm Triers, dessen ursprüngliche Zweckbestimmung noch deutlich sichtbar ist. Der nahe dem Markt gelegene

Dombezirk ❺ ist so etwas wie das steingewordene Monument der abwechslungsreichen Geschichte Triers. Jahrhundertelang wurde hier gebaut, zerstört, verändert und erweitert, bis endlich der Dombezirk mit dem Dom und der Liebfrauenkirche sein heutiges Aussehen hatte. – Der Grund, auf dem der

Blick auf den Dom vom Hauptmarkt aus

*** **Dom St. Peter** errichtet wurde, war sehr wahrscheinlich ein Geschenk der Mutter Konstantins des Großen, Helena, an die Christengemeinde. Der dort befindliche römische Palast wurde 326 durch eine der größten Doppelkirchen überhaupt ersetzt, weitere Bauten folgten ab dem 10. Jh. Westbau und Türme entstanden im 11. und 12. Jh., 1196 wurde der Ostchor geweiht. Der Kreuzgang stammt aus dem 13. Jh. Anfang des 16. Jhs. wurde der südwestliche Turm erhöht, die barocke Umgestaltung des Innenraums erfolgte Anfang des 18. Jhs. Ungleich kürzer, nämlich nur etwa 30 Jahre von 1235 bis ca. 1265 dauerten die Bauarbeiten an der *Liebfrauenkirche,* die eine der ersten gotischen Kirchen in Deutschland war. Sie entstand an der Stelle der Südkirche der frühen Doppelkirchenanlage. Interessant ist ihr Bauplan: Die Kirche ist ein Zentralbau mit einem fast runden Grundriß. Man sagt er habe die Form einer zwölfblättrigen Rose, der „Rosa mystica“; das ist ein Synonym für die Gottesmutter Maria, die Patronin der Kirche.

Das Portal der gotischen Liebfrauenkirche

Beeindruckend erhebt sich die Westfassade des Domes, die vorwiegend aus dem 11. Jh. stammt. Die vorspringende Apsis, die beiden wuchtigen quadratischen Türme – der Glockenturm wesentlich höher – und die beiden Treppentürme wirken trutzig und uneinnehmbar, sie demonstrieren göttliche Stärke und kirchliche Macht. Der wertvollste Reliquienschatz des Domes ist der Heilige Rock. Angeblich handelt es sich dabei um das Leibgewand Christi, um das die Soldaten nach seinem Tode würfelten. Bewiesen ist, daß das Stoffstück aus dem ersten nachchristlichen Jahrhundert stammt. Der Heilige

Das weiträumige Kirchenschiff des Domes

Rock ist nicht immer zu besichtigen. ⏲ Dom und Liebfrauenkirche Nov. bis März tägl. 6–12, 14–17, April bis Okt. tägl. 6–18 Uhr; Domschatzkammer Nov.–März Mo–Sa 10–12, 14–17, So 14–16 Uhr; April–Okt. Mo bis Sa 10–12, 14–17, So 14–17 Uhr.

Hinter dem Dom liegt in der Windstraße, die ihren Namen meist zu Recht trägt, das

* **Bischöfliche Dom- und Diözesanmuseum** ❻. Das Gebäude hatte ursprünglich alles andere als eine museale Funktion; es war lange Jahre das Zuchthaus der Stadt! Seit 1988 beherbergt es das Museum, dessen Prunkstück ein aus vielen Einzelteilen zusammengesetztes Deckengemälde aus dem römischen Kaiserpalast ist. ⏲ Mo–Sa 9–13, 14–17 Uhr, So 13–17 Uhr.

Vom Domfreihof führt ein kurzer Weg zum Konstantinsplatz. Dort fühlt man sich winzig angesichts der Dimensionen, mit denen sich die

*** **Römische Palastaula** ❼, die „Aula Palatina", erhebt. 67 m lang ist der Bau, 27 m breit, 30 m hoch – ein wahrhaft imposantes Bauwerk! Allein die Fenster sind 7 m hoch und bis zu 3,50 m breit. Der Eindruck war von Kaiser Konstantin, der die Palastaula um 318 errichten ließ, bewußt herbeigeführt; der Bau war Schauplatz seiner Macht und Prachtentfaltung. Fühlt man sich schon vor der Basilika stehend klein, so wird der Eindruck im Innern noch verstärkt. Erst hier merkt man, daß die Palastaula nur einen einzigen riesigen Raum umfaßt, nicht etwa zwei Etagen, wie es von außen durch die beiden Fensterreihen zunächst erscheint. Die sehr schlichte Einrichtung der evangelischen Erlöserkirche – denn als Kirche wird der Bau seit 1856 genutzt – tut das Ihrige dazu, die Architektur wirken zu lassen. Ursprünglich war die „Aula Palatina" prunkvoll eingerichtet. Marmorplatten bedeckten den Fußboden, an den Seiten standen Statuen, und vor der Apsis beim Kaiserthron befand sich ein großes goldenes Mosaik. ⏲ April–Okt. Mo–Sa 9–18, So 11–18, Nov.–März Di–Sa 11–12, 15–16, So 11–12 Uhr.

Direkt an die Palastaula schließt sich das ehemalige

* **Kurfürstliche Palais** ❽ aus dem 17. und 18. Jh. an. Der schönste Teil ist der Südflügel des Schlosses. Er entstand 1757–61 im prunkvollen Rokoko-Stil nach Plänen von Johannes Seitz, der ein Schüler des berühmten Baumeisters Balthasar Neumann war. Wer barocke und Rokoko-Kunst liebt, sollte sich unbedingt das reichverzierte Treppenhaus ansehen.

Vor dem Palais erstreckt sich der im Barockstil angelegte Palastgarten, einer der großen Parks der Trierer Innenstadt. Vor allem dort, wo früher die Stadtmauern verliefen und heute der Alleenring die Innenstadt umgibt, besitzt Trier viele große Grünflächen. – Bevor man sich dem

** **Rheinischen Landesmuseum** ❾ nähert, ist eine Pause angebracht, denn das Landesmuseum bietet solch eine Fülle interessanter Kunstschätze, daß man es ausgeruht und mit viel Zeit besuchen sollte. Wo sonst kann man so viele herrliche römische Mosaiken bewundern? Aber schließlich stammem zwei Drittel aller in Deutschland gefundenen antiken Fliesenbilder aus dem Trierer Raum. Zwar sind die römischen Funde die Glanzstücke der Sammlung, es werden aber auch Kunstwerke aus der Steinzeit bis hin zum Mittelalter gezeigt. Wer nur wenig Zeit hat, sollte sich einige hervorragende Stücke nicht entgehen lassen, wie das Diatretglas, das beweist, wie hoch die Glaskunst schon bei den Römern entwickelt war, oder das berühmte **Neumagener Weinschiff* (s. S. 83), das bekannteste der vielen Steindenkmäler. Ansehen sollte man sich auch die **Mosaiken*. Ebenso eindrucksvoll ist der römische Goldmünzenschatz. Die Teilnahme an einer Führung empfiehlt sich; sie wird durch die Tourist-Information vermittelt. ⏲ Di–Fr 9.30–17, Sa/So 10.30 bis 17 Uhr.

Führungen (nach Vereinbarung) finden auch in der

Schatzkammer der Stadtbibliothek ❿ statt. Sie besitzt u. a. 4000 kostbare alte Handschriften, darunter das in Goldschrift geschriebene karolingische Ada-Evangeliar, und nahezu 2000 Bücher aus der ersten Zeit der Drucktechnik, darunter eine Gutenberg-Bibel von 1450. 🕓 Mo–Fr 14–17 Uhr. – Direkt neben der Städtischen Bibliothek liegen die

* **Kaiserthermen** ⓫, die auch heute noch durch ihre Größe beeindrucken. Für sie gilt dasselbe wie für viele andere römische Bauten in Trier: Sie gehören zu den größten und prächtigsten außerhalb von Rom. Unter Kaiser Konstantin entstand der Bäderpalast Anfang des 4. Jhs. Das mit allen Finessen

❶ Porta Nigra
❷ Simeonstift
❸ Hauptmarkt
❹ Frankenenturm
❺ Dombezirk
❻ Bischöfliches Dom- und Diözesanmuseum
❼ Römische Palastaula
❽ Kurfürstliches Palais
❾ Rheinisches Landesmuseum
❿ Schatzkammer der Stadtbibliothek
⓫ Kaiserthermen
⓬ Amphitheater
⓭ Römerbrücke
⓮ Zurlauben
⓯ Karl-Marx-Museum
⓰ Spielzeugmuseum
⓱ St. Matthias
⓲ St. Paulin

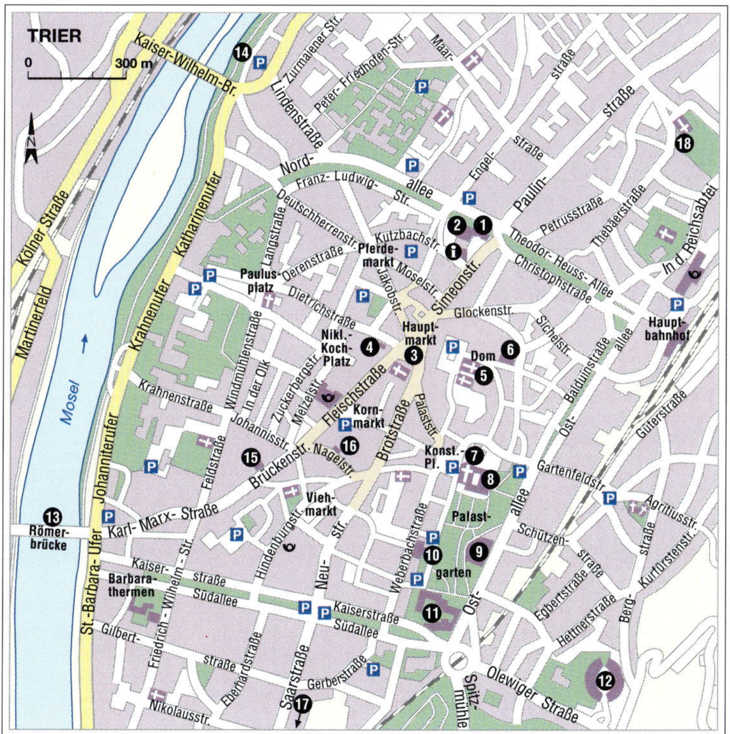

wie Heißbad, Kaltbad, Luftbad, Schwimmbecken und Gymnastikplatz ausgerüstete Badezentrum diente aber nur kurz seiner Bestimmung: Bereits etwa 50 Jahre später wurde es umgebaut, im Mittelalter fungierte es als Burg und Festung und war ein Teil der Stadtbefestigung; ein Fenster der Thermen wurde nach Bodenaufschüttung als Stadttor genutzt. Die gesamte Anlage hatte eine Länge von 250 m, bei einer Breite von 145 m. Allein im Warmwasserbad hätte die gesamte Porta Nigra Platz gehabt. Der heutige Zustand der Thermen läßt nur schwer erahnen, wie sie im vierten Jahrhundert aussa-

Karl Marx

„Die Philosophen haben die Welt nur unterschiedlich interpretiert, es kommt darauf an, sie zu verändern." In der dritten seiner berühmten Thesen über Feuerbach legte der am 5. Mai 1818 in Trier als Sohn einer bürgerlichen Familie geborene Karl Marx seine Auffassung vom Sinn der Philosophie dar: Weltveränderung.

Marx baute auf die Philosophie Georg Friedrich Hegels auf. Bereits der betrachtete die Geschichte der Gesellschaft als fortschreitenden Entwicklungsprozeß. Er begründete allerdings die Veränderungen innerhalb der Gesellschaft mit der Entwicklung der Ideen. Marx stellte Hegel, wie er sagte, „vom Kopf auf die Füße", für ihn waren – anders als für Hegel – nicht die Entwicklung der Philosophien, der Ideen, entscheidend, sondern die Entwicklung der materiellen Existenzbedingungen.

Die kapitalistische industrielle Produktionsweise, in der die Mittel der Produktion Privateigentum sind, schließt für Marx das angestrebte Ziel einer demokratischen Gesellschaft, in der die Menschen auch wirtschaftlich und politisch gleichgestellt sind, aus. Schließlich erarbeiteten die vom Kapitalisten angestellten Proletarier einen „Mehrwert", der den ausbezahlten Lohn überschreite und nicht ihnen, sondern dem Kapital(isten) zufiele. So gäbe es einen unüberbrückbaren Gegensatz zwischen den beiden Klassen: den Unterdrückten, die ihre Arbeitskraft verkaufen müßten, und denen, die in der Lage seien, die Lohnarbeit der anderen aufzukaufen. Gemeinsame Interessen seien nicht vorhanden, da die Gesellschaft so in Herrschende und Beherrschte aufgeteilt sei. Dieser Gegensatz lasse sich nur überwinden, wenn das Privateigentum an Produktionsmitteln abgeschafft würde. Da aber außer den Arbeitern, den Proletariern, niemand ein Interesse an der Abschaffung hätte, sollten diese nicht auf den Staat vertrauen, sondern die Sache selbst in die Hand nehmen und die politische Macht ergreifen. Die „Diktatur des Proletariats" sei die notwendige Voraussetzung zu einer „klassenlosen Gesellschaft", in der „jeder nach seinen Bedürfnissen" glücklich leben könne.

Marx verließ Trier früh. Er ging 17jährig nach Bonn, studierte dort und später in Berlin und Jena zunächst Jura, dann Philosophie und Geschichte. Nach der Promotion wurde er Redakteur der „Rheinischen Zeitung" in Köln, nach deren Verbot mußte er 1843, damals frisch mit Jenny von Westphalen verheiratet, nach Paris emigrieren. In Paris lernte er auch Friedrich Engels kennen, mit dem er ab 1845 in Brüssel mehrere Schriften verfaßte. Das „Kommunistische Manifest" erschien 1847. Ab 1849 lebte er in London, wo er u. a. seine berühmten Werke „Zur Kritik der bürgerlichen Ökonomie" (1859) und „Das Kapital" (1. Band 1867, 2. und 3. Band posthum) schrieb.

Marx, der sich auch immer wieder in die aktuelle politische Diskussion einschaltete, starb am 14. März 1883 in London.

hen, daher ist der Besuch mit einer Führung zu empfehlen. ⏲ Anf. April–30.Sept. tägl. 9–18, 1. Okt. bis Anf. April tägl. 9–17, Dez. 10–16 Uhr.

Außerhalb der alten Stadtmauer liegt das römische

* **Amphitheater** ⓬. Um 100 erbaut, ist es eines der ältesten Gebäude in Trier. Das Theater besitzt eine ovale Arena, die 75 m lang und 50 m breit ist. In den aufsteigenden Zuschauerrängen fanden bis zu 25 000 Besucher Platz. Beim Bau des Theaters nutzte man die Steigung des Petriberges. Auf der einen Seite ziehen sich die Zuschauertribünen den Hang hinauf, auf der anderen wurde Erdreich aufgeschüttet. Unter der Arena lagen in 14 kleinen Gewölben die technischen Einrichtungen des Theaters wie die Hebebühne, die Räume für die Gladiatoren sowie die Käfige für die wilden Tiere. Ab 1996 finden hier wie auch in den Kaiserthermen während der Sommermonate Freilichtaufführungen statt. ⏲ Anfang April bis 30. Sept. tägl. 9–18 Uhr, 1. Okt. bis Anfang April tägl. 9–17 Uhr.

Folgt man der Kaiserstraße, so kommt man an den Barbarathermen vorbei zur Mosel. Dort überspannt seit inzwischen mehr als 1800 Jahren die

Römerbrücke ⓭ den Fluß. Sie ruht auf neun Pfeilern – fünf von ihnen sind noch Originale aus dem 2. Jh. Eine beeindruckende technische Leistung, denn schließlich konnten die Römer ja nicht mit dem Autoverkehr unserer Tage rechnen. Die großen Rundbogen der Brücke wurden 1717/18 erneuert. Von der Römerbrücke führt ein schöner Spazierweg mosel-

Die eindrucksvoll dimensionierte römische Palastaula

Viel weniger blieb von den Kaiserthermen übrig

Noch heute vielerwähnt, aber weniger befolgt: Karl Marx

abwärts. Zwei alte Kräne erregen Aufmerksamkeit: der Zollkran aus dem Jahre 1774 und der Alte Kran, den 1413 ein Trierer Kaufmann aufstellen ließ. Folgt man dem Fluß weiter unter der Kaiser-Wilhelm-Brücke hindurch, ist bald das Stadtviertel

Zurlauben ⓮ erreicht. In dem ehemaligen alten Fischervorort gibt es viele nette Restaurants und Lokale. Von dort kann man auch mit einer Kabinenseilbahn zum anderen Moselufer fahren.

Läßt man den Spazierweg an der Mosel aus, kann man direkt von der Römerbrücke über die Karl-Marx-Straße ins Stadtzentrum gehen. Die Karl-Marx-Straße, benannt nach dem wohl berühmtesten und umstrittensten Sohn der Stadt, ändert bald ihren Namen und heißt in der Fortsetzung Brückenstraße. Dort wurde im Haus mit der Nummer 10, einem barocken Bürgerhaus, 1818 Karl Marx geboren. Ein

Museum ⓯ erinnert an sein Leben und Werk, es zeigt Dokumente und Urschriften von ihm und von Friedrich Engels sowie Erstausaben seiner und der Werke anderer Theoretiker der Arbeiterbewegung. 🕓 Nov.–März Mo 15–18 Uhr, Di–So 10–13, 15–18 Uhr, April–Okt. Mo 13–18, Di–So 10–18 Uhr.

Wer seinen Stadtrundgang mit Kindern macht, sollte von der Brückenstraße in die Nagelstraße abbiegen; dort liegt das

Spielzeugmuseum ⓰, in dem Kinderträume wahr werden: Eine riesige Modelleisenbahn rollt durch die zweite Etage, die dritte ist nahezu vollständig mit einer Puppensammlung gefüllt; es gibt mechanische Spielereien, Autos, Flugzeuge und anderes technisches Gerät: insgesamt 5000 Exponate, die auf einer Fläche von 500 m² gezeigt werden. 🕓 April–Okt. 11–17, Nov.-März Di–So 12–16 Uhr. Vom Museum ist es nur noch ein kurzes Stück zurück zum Hauptmarkt und zur Porta Nigra.

Zwei Kirchen, die etwas abseits liegen, sind ebenfalls sehr sehenswert: Südlich der Innenstadt liegt die Abteikirche

* **St. Matthias** ⓱, die nach dem Apostel Matthias benannt ist, dessen Gebeine hier aufbewahrt werden. Somit befindet sich hier das einzige Grab eines Apostels nördlich der Alpen. Auf den ersten Blick glaubt man nicht unbedingt, daß die Kirche bereits im 12. Jh. erbaut wurde. Die Fassade wurde in der Barockzeit umgestaltet, so daß sich ein interessantes Gemisch zwischen romanischer Architektur und barocker Verzierung ergibt. Ein Portalvorbau, die Turmbekrönung und Verzierungen an der Giebelseite veränderten den wuchtigen Charakter der romanischen Architektur nachhaltig. Besonderer Anziehungspunkt und Ziel vieler Pilgerreisen ist natürlich der Sarkophag mit den Reliquien des Apostels Matthias im Innern der Kirche. 🕓 tägl. 7–18 Uhr.

* **St. Paulin** ⓲ ist ein Kleinod barocker Architektur. Schon seine Außenwirkung ist großartig. Der gelbgetünchte Bau strebt dem Himmel entgegen, er hat eine schmale Fassade, die sich nach oben verjüngt und in einen Turm ausläuft. Ebenso heiter und leicht wie das Äußere wirkt das Innere, es ist farbenfroh, verspielt und festlich. Am Neubau der Kirche (an der Stelle des jetzigen Bauwerks stand bereits ab dem 4. Jh. bis zur Zerstörung durch die Franzosen 1674 ein Gotteshaus) waren im 18. Jh. einige der bekanntesten Baumeister und Künstler beteiligt. Die Pläne stammten von Christian Kretschmar und Balthasar Neumann, die Stuckarbeiten – nach Plänen von Neumann – von J. Arnold, Ferdinand Dietz und Christoph Scheffler. 🕓 tägl. 8–18 Uhr.

Praktische Hinweise

ⓘ Tourist-Information Trier, Stadt und Land e.V., An der Porta Nigra, 54290 Trier, ☎ 06 51/97 80 80, FAX 4 47 59.

Ⓗ **Hotel Petriberg,** Sickingenstr. 11–13, 54296 Trier, ☎ 06 51/4 64-0, FAX 4 64-50; mittelgroßes Haus, oberhalb von Trier und dem Amphitheater gelegen, mit Blick von der Aussichtsterrasse über die Stadt, Weinstube. ($)

Faßbenders Central-Hotel, Sichelstraße 32, 54290 Trier, ☎ 06 51/9 78 78-0, 📠 9 78 78 78, liegt in einem Park mit altem Baumbestand und dennoch in der Innenstadt. Das Haus selbst stammt aus dem 12. Jh., trotzdem wird aller Komfort geboten. Liegewiese und Gartenterrasse. $$
Das **Weinhaus Becker,** Olewiger Straße 206, 54295 Trier-Olewig, ☎ 06 51/93 80 80, 📠 93 80 8-88, ist ein kleines Hotel und war eigentlich ein Weingut. Es besitzt einen romantischen Gewölbekeller, in dem auch Weinproben durchgeführt werden, und einen Weinlehrpfad. Neben Zimmern werden Ferienwohnungen angeboten. $$
Schweizer Spezialitäten, Moselfische und selbstgekelterten Apfelwein bietet das Restaurant im dem gemütlichen **Familienhotel Handelshof,** Lorenz-Kellner-Straße 1, 54290 Trier, ☎ 06 51/7 39 33. $$
Das **Jugendgästehaus,** An der Jugendherberge 4, 54292 Trier, ☎ 06 51/2 92 92, 📠 2 40 80, liegt direkt am Moselufer auf der Innenstadtseite nördlich der Station für die Kabinenseilbahn. Es hat insgesamt 248 Betten, aber auch kleinere Familienzimmer. Voranmeldung sinnvoll. $
Ⓡ **Domstein,** Am Hauptmarkt 6. Direkt am Markt werden – bei schönem Wetter auch draußen, aber stilvoller im Kellergewölbe – Menüs nach altrömischen Rezepten angeboten. Die Speisekarte ist stilecht lateinisch-deutsch, es gibt aber auch moselländische Spezialitäten, dazu eine Weinkarte mit 200 verschiedenen Flaschenweinen. $$
Im Ortsteil Zurlauben, dem alten Trierer Fischereiviertel, finden sich zahlreiche gute Restaurants. Doch aufgepaßt: bei manchen empfiehlt sich zuerst ein Blick auf die rechte Spalte der Speisekarte, denn gutes Essen hat, wie z. B. in der **Pfeffermühle,** Zurlaubener Ufer 76, auch seinen Preis. $$$
Preiswerter ist da die **Brasserie** in der Innenstadt, ganz passend auf der Fleischstraße 12. Wer eine Pause vom Wein braucht, dem wird hier auch ein gut gezapftes Bier gereicht. $

Wirtschaft am Hauptmarkt

Das altehrwürdige römische Amphitheater

Jubelndes Barock: die Kirche St. Paulin

Route 1

Am Unterlauf von Koblenz bis Cochem

Seite 51

Koblenz – Winningen – *Kobern-Gondorf – Alken – Brodenbach – Hatzenport – *Münstermaifeld – Moselkern – **Burg Eltz – Treis-Karden – Klotten – *Cochem (61 km)

Die Untermosel zwischen Koblenz und Cochem wird von Touristen nicht ganz so stark besucht wie der stärker gewundene Teil des Flusses von Cochem an flußaufwärts. Hier hat die typische Weinlandschaft noch nicht begonnen, der Fluß muß sich nicht durch ein enges Tal kämpfen, der Blick kann noch weit voraus über den Flußlauf schweifen. Dennoch beginnt bereits auf Koblenzer Stadtgebiet die Moselromantik: die ersten Weinberge klettern den Hang hinauf, in der Ferne lockt eine Burg. Die Route führt an einigen der berühmtesten Moselburgen vorbei, z. B. an der auf der rechten Moselseite liegenden Burg Thurandt oder der Reichsburg in Cochem.

Eine der berühmtesten deutschen Burgen ist Ziel eines kleinen Abstechers: Die Burg Eltz liegt nicht im Moseltal und auch nicht auf einer direkt angrenzenden Höhe, sondern versteckt im Eifelwald. Verfahren kann man sich auf der Route nicht. Sie folgt – von einigen Abstechern abgesehen – dem Flußlauf.

Koblenz verläßt man am besten über die südwestlich der Innenstadt gelegenen Kurt-Schumacher-Brücke. Vorbei am Koblenzer Ortsteil Güls, dessen Pfarrkirche wegen ihrer spitz zulaufenden Türme „Gülser Zahnstocher" genannt wird, ist nach wenigen Kilometern **Winningen** (2700 Einw.), der erste bekannte Moselweinort, erreicht. Hier ist die Weinhexe zu Hause, hier beginnt auch die Großlage Weinhex, die von Winningen bis nach Moselkern (24 km flußaufwärts) reicht.

Die Weinhexe: Sie ist abgebildet auf dem Brunnen im Weinhof, wo auch das Winninger Winzerfest stattfindet. Es ist das älteste in Deutschland, und während der zehntägigen Dauer (Ende Aug./Anfang Sept.) fließt dann statt Wasser Wein aus dem Brunnen. Woher der Winninger Wein seinen Namen hat, ist umstritten, erzählt werden zwei Deutungen: Eine berichtet von einem Winzer, der mit einer garstigen Frau, einer „echten Hexe", verheiratet gewesen sein soll und dieser, als er sie beim Weindiebstahl erwischte, schrecklich den Po versohlt habe. Die andere Deutung erinnert an das düsterste Kapitel des über 1000 Jahre alten Ortes und scheint realistischer: Mitte des 17. Jahrhunderts war der Hexenwahn in Winningen besonders verbreitet. Während und nach dem Dreißigjährigen Krieg, etwa zwischen 1630 und 1660, wurden 21 Männer und Frauen hingerichtet, die nach schweren Folterungen „gestanden" hatten, mit dem Teufel im Bunde zu sein. Eine weitere Frau wurde aufgrund fremder Beschuldigungen umgebracht, und acht weitere Fälle von Folterungen und Verhören sind bekannt.

Geht man die Bachstraße vom Weinhof aufwärts, so gelangt man zum Heideweg, der auf den Heideberg führt. Hier war schon in der Keltenzeit eine Kult- und Gerichtsstätte, an der später mindestes 19 Personen als Opfer des Hexenwahns den Tod fanden. 11 von ihnen sind namentlich auf einem Gedenkstein erwähnt.

Doch Winningen bietet mehr als ein feuchtfröhliches Winzerfest und eine düstere Geschichte. Vom Weinhof aus läßt sich der kleine Ort schnell erkun-

Der Winninger Weinhexen-Brunnen

1

Seite 51

den. Beim Bummel durch enge Gassen, z.B. die Bachstraße, können Sie schöne, teilweise noch aus dem 15. Jh. stammende Fachwerkbauten finden. Auf der Fährstraße steht das Geburtshaus des einzigen Winninger Ehrenbürgers August Horch (1868–1951), des Begründers der Horch-Audi-Werke.

ℹ Fremdenverkehrsverein Winningen, Rathaus, August-Horch-Straße 3, 56333 Winningen, ☎ 0 26 06/22 14.

Von Winningen aus führt der Weg unter der höchsten Autobahnbrücke Deutschlands hindurch zum Doppelort

***Kobern-Gondorf** (3000 Einw.). Das Moseltal ist hier sehr eng, steil ragen die Weinberge empor. Bundesstraße und Eisenbahntrasse zwängen sich zwischen den Ort und den Fluß. Unter der Eisenbahntrasse führen einige Zufahrten hindurch, die Schifferstraße führt direkt zum Marktplatz von Kobern. Dort steht – umgeben von schmucken Fachwerkhäusern – der Tatzelwurmbrunnen. Nahebei zweigt die Kirchstraße ab, in der sich der *Abteihof St. Marien* befindet. Er wurde 1320/21 erbaut und ist damit eines der ältesten deutschen Fachwerkhäuser.

Kobern hat eine lange Geschichte. An der Straße, die Kobern und Gondorf miteinander verbindet, einer ehemaligen Römerstraße, gab es unzählige antike Funde, z.B. Wohngebäude, Fundamente, Gräber und Töpfereien. Nördlich der Oberburg wurde ein fränkisches Kindergrab entdeckt, und an der Landstraße 117 in Richtung Ochtendung fand man ein Hünengräberfeld. Die schönsten Zeugen der Geschichte befinden sich ebenfalls im Ortsteil Kobern: die beiden Burgen sowie die Matthiaskapelle, die romantisch auf der Höhe über dem Moseltal liegen. Ein kurzer, aber recht steiler Fußweg führt vom Markt zu den beiden Burgen und der Kapelle hinauf. Der Aufstieg lohnt sich allein schon wegen des Ausblicks. Ober- wie Niederburg haben ihren Ursprung im 12. Jh. Beide gehörten Gerlach von Isenburg, beide wurden 1689 durch die Franzosen zerstört. Neben dem Bergfried der Oberburg steht die romanische * *St.-Matthias-Kapelle,* die aus dem 13. Jh. stammt. In ihr wurde ursprünglich das Haupt des Apostels Matthias aufbewahrt, das Heinrich von Isenburg vermutlich beim Kreuzzug 1217–21 aus dem Heiligen Land mitgebracht hatte; die Matthiaskapelle wurde damit zum Wallfahrtsziel. Die Kapelle, besonders ihr Inneres, gilt den Kunsthistorikern als wichtiges Beispiel rheinischer Spätromanik. Sie verfügt über einen verblüffenden Reichtum unterschiedlicher Formen und Schmuckelemente wie Säulen, Bögen und Gewölberippen.

Zum Ortsteil Gondorf führen sowohl die Römerstraße als auch die Bundesstraße. Folgt man letzterer, sieht man direkt eine der größten Bausünden des 20. Jahrhunderts im Moseltal. Die Trasse der Eisenbahn und auch die Bundesstraße zerschneiden nämlich die einstige Wasserburg – die einzige, die es an der Mosel gab – in zwei Teile. Den besten Blick auf die Burg hat man seither vom anderen Moselufer – von dort ist das Elend nicht ganz so genau zu erkennen. Das nahegelegene Schloß Liebig ist Privatbesitz.

ℹ Fremdenverkehrsamt, Lennigstraße 12–14, 56330 Kobern-Gondorf, ☎ 0 26 07/10 55.

Ⓗ **Hotel Fuchs,** Marktplatz 8, 56330 Kobern-Gondorf, ☎ 0 26 07/3 18. Kleines Hotel (12 Zimmer) direkt im Zentrum von Kobern. ($)
Marienhof, Römerstraße 7, 56330 Kobern-Gondorf, ☎ 0 26 07/45 93, ruhiger Hof in Gondorf direkt oberhalb der Burg gelegen, romantische Übernachtungsmöglichkeit in altem Bruchsteinhaus. ($)
Neben einigen Hotels sind in Kobern-Gondorf leicht Privatzimmer zu finden, die meisten in der Preisklasse ($).

Von Kobern-Gondorf aus geht es auf der rechten Moselseite weiter flußaufwärts. Die noch erhaltenen Türme der Stadtmauer von

Seite 51

Alken erinnern daran, daß der romantische Ort bereits im 14. Jh. von Erzbischof Balduin die Stadtrechte erhielt. Aus dieser Zeit stammt auch die Michaelskapelle mit ihren sehenswerten Fresken. Über einem Drachen thront Christus als Weltherrscher.

Der kleine Weinort entwickelte sich im Schutz der *Burg Thurandt*. Die Ruine auf der Höhe über dem Ort ist dank ihrer beiden Bergfriede unverwechselbar. Um 1200 wurde sie unter Pfalzgraf Heinrich, einem Sohn Heinrichs des Löwen, erbaut. Der Name der Burg entstammte Heinrichs Phantasie. Er hatte beim Kreuzzug von Friedrich Barbarossa mitgekämpft und dabei vergeblich versucht, die Burg Turon bei Tyros (im heutigen Libanon) zu erobern. Vielleicht hoffte Heinrich, daß seine Burg durch die Namensübertragung ebenfalls uneinnehmbar würde. Dies war jedoch ein Irrtum, wie sein Nachfolger erfahren mußte. 1245 belagerten Thurandt die Truppen des Trierer Erzbischofs Arnold von Isenburg, und nach-

Die St.-Matthias-Kapelle in Kobern-Gondorf repräsentiert eindrucksvoll die Spätromanik

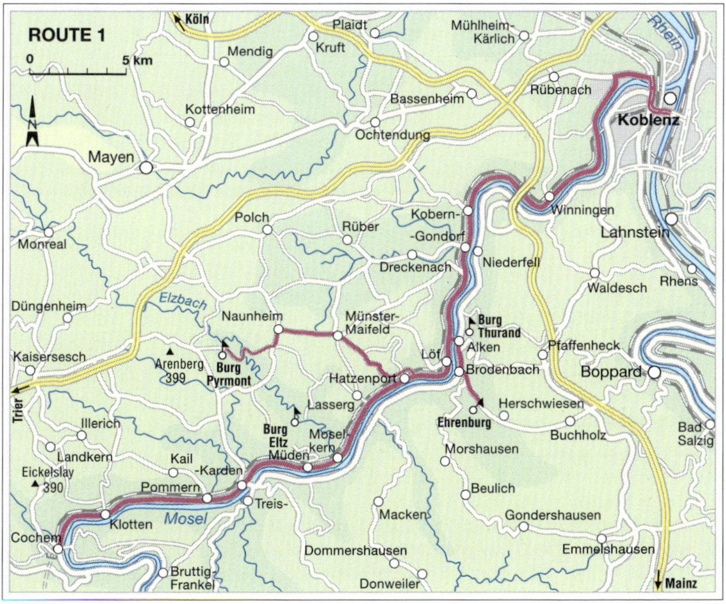

1

Seite 51

dem ihm 1248 noch die Truppen des Kölner Erzbischofs Konrad von Hochstaden zu Hilfe gekommen waren, gaben die Belagerten schließlich auf. Überliefert ist auch die Trinkfestigkeit der Eroberer: 3000 Fuder Wein sollen sie verputzt haben. Ein Fuder enthält 1000 Liter, folglich waren das 3 Mio. Liter. Nach der Eroberung wollten die Kölner ihren Anteil an der Burg. So wurde sie zweigeteilt, hat heute zwei Bergfriede. Über dem nächsten Ort,

Brodenbach, thront die *Ehrenburg*. Um dorthin zu gelangen, folgen Sie den Wegweisern nach Emmelshausen. Die Straße steigt steil an (14 %!). Am Rastplatz „Hubertushöhe" vorbei geht es hinauf auf die Hunsrückhöhen. Hier ändert sich die Vegetation; statt Eichen und Buchen wachsen Nadelhölzer. Die Ehrenburg wurde 1120 auf römischen Fundamenten erbaut. Trotz ihrer starken Befestigung widerstand auch sie nicht den Franzosen und wurde 1689 zerstört. Sie erhebt sich auf einem Felskegel und besitzt zwei Türme: einen Bergfried aus dem 14. Jh. und einen Rampenturm, eine Besonderheit im moselländischen Burgenbau. Innerhalb dieses Rampenturms, der bis zu 5 m dicke Mauern hat und in den die Franzosen deshalb 1689 nur eine Lücke sprengen konnten, windet sich eine 3 m breite Fahrrampe hinauf. So konnten Kanonen und andere schwere Waffen in die Oberburg transportiert werden. Vom Bergfried herab hat man einen tollen Blick über die Hunsrückhöhen, über die Mosel bis zur Eifel und über die nahegelegene Ehrbachklamm. Auf der Ehrenburg finden im Juli und August jeden Sonntag Burgfestspiele mit Musikern, Handwerkern, Rittern und Gauklern statt, ℹ unter ☎ 0 26 05/24 32.

Die *Erbachklamm* ist von Brodenbach aus leicht zu erreichen (ausgeschildert in der Ortsmitte). Vom Parkplatz führt ein wunderschöner Wanderweg in die Klamm hinein; bald sind die kleinen Wasserfälle des Ehrbaches erreicht (Wanderzeit etwa eine Stunde).

ℹ Verkehrsverein, 56332 Brodenbach, ☎ 0 26 05/41 56.

Jugendherberge, Moorkamp 7, 56332 Brodenbach, ☎ 0 26 05/33 89. Die Herberge liegt am Waldrand, sie hat 135 Betten und sechs Familienzimmer.

Um zur nächsten Station der Route,

Hatzenport, zu gelangen, muß man ein kleines Stück zurückfahren und die Mosel auf der Brücke zwischen Brodenbach und Alken überqueren. Vorbei an Lehmen und Löf erreicht man bald den alten Winzerort. Davor sieht man rechts an der Anhöhe eine weiß-rote kleine gotische Kirche (13. Jh.) inmitten der Weinberge, im Ort selbst gibt es eine weitere Kirche sowie den Fährturm am Moselufer, der zur Fixierung des Fährseils diente. Hatzenport verdankt seinen Namen dem Erzbischof Hatto (gest. um 855). Der ließ hier einen Felsen sprengen, um einen Durchbruch zur Burg Eltz zu schaffen. Hattonis Porta, das Tor Hattos, wurde dann im Dialekt zu Hatzenport. Verläßt man den Ort, sieht man oberhalb der Weinberge die Ruine Bischofstein (12. Jh.), die leider nicht zu besichtigen ist.

Ⓗ **Zum Brünnchen,** Moselstraße 44, 56332 Hatzenport, ☎ 0 26 05/22 71. Urlaub beim Moselwinzer, Zimmer mit Moselblick, Straußwirtschaft Juli bis Oktober, Weinproben im alten Gewölbekeller, eigene Backstube. ($)

Ein Abstecher führt von Hatzenport über

***Münstermaifeld** zur Burg Pyrmont. Auch wenn der Ort 1690 durch französische Truppen weitgehend zerstört wurde – ein glattes Versehen, weil General Boufflers auf seinem Einsatzbefehl Münstermaifeld mit dem doch etwa 55 km entfernten Münstereifel verwechselte –, lohnt sich ein Besuch vor allem wegen der ehemaligen *Stiftskirche*. Sie ist nicht zu verfehlen; hoch und abweisend, an düsteren Tagen sogar bedrohlich ragt ihre wuchtige Westfassade in den Himmel. Betrachtet man die aus dem 11./12. Jh. stammen-

1
Seite 51

de Fassade näher, wirkt der Bau wie eine Wehrkirche. Dieser Eindruck schwindet allerdings sofort, wenn man sich dem Langhaus und dem Chor nähert. Beide entstanden später (ab 1225) in einem Stilgemisch aus Romanik und Gotik, wie es typisch für das Rheinland war. Im Innern ist das auffallendste Ausstattungstück der sogenannte Münstermaifelder Goldaltar, eine Antwerpener Schnitzarbeit aus dem 16. Jahrhundert. Sie zeigt mit 92 geschnitzten Figuren Szenen aus dem Leben Mariens sowie die Leidensgeschichte Christi.

Die Fahrt über das Maifeld beschert einen völlig anderen Landschaftseindruck als das Moseltal. Besonders schön ist sie im Frühjahr, wenn der Raps blüht und sich die Hügel in ein leuchtend gelbes Farbenmeer verwandeln. Plötzlich erscheint ein tiefer Einschnitt inmitten der Hochfläche; dort liegt – mitten im Tal des Elzbachs – die *Burg Pyrmont.* Die Flußbrücke, der kleine Wasserfall und der Schloßteich werden vom 25 m hohe Bergfried aus dem 13. Jh. überragt; ein Landschaftsbild, das seinesgleichen sucht. 🕓 April bis Oktober Mi–So 10–18 Uhr.

Kehrt man nach Hatzenport zurück und folgt dem Moselverlauf in westlicher Richtung, gelangt man nach

Moselkern. Die meisten Besucher begeben sich von der „Klingensteiner Mühle“ aus direkt auf den etwa halbstündigen Fußweg zur Burg Eltz und fahren danach weiter, ohne dem Ort einen Blick zu gönnen. Dabei gibt es hier eine *romanische Kirche* aus dem 11. Jh., ein schönes *Fachwerkrathaus* aus dem 17. Jh. sowie in diesem Rathaus die Nachbildung eines *Merowingerkreuzes* zu sehen. Das Kreuz besteht aus Basaltlava und ist etwa 80 cm hoch; es ist die älteste Darstellung des gekreuzigten Christus nördlich der Alpen. Sein Original ist im Rheinischen Landesmuseum in Bonn zu besichtigen. Zur

** **Burg Eltz** führen mehrere Wege: mit dem Wagen über Münstermaifeld und

In Münstermaifeld stehen viele schöne Fachwerkbauten

In der Münstermaifelder Stiftskirche

1

Seite 51

Wierschem bis zur Antoniuskapelle und von dort zu Fuß oder per Pendelbus zur Burg oder über verschiedene Wanderwege. Einer führt von Karden aus in ca. 1,5 Std. zur Burg; von Moenenich geht man etwa 1 Std., von Müden und von Moselkern etwa 35 Min. Der bekannteste und beliebteste Weg führt von Moselkern entlang des Elzbaches zur Burg. Unzählige Male abgebildet und genauso oft gesehen – dennoch kann sich niemand dem Zauber entziehen, den die Burg Eltz auslöst. Als „hoch, großartig, fremd, düster" charakterisierte Victor Hugo das Bauwerk, und der weitgereiste Dichter fügte hinzu: „Ich hab noch nichts Ähnliches gesehen." Auf dem schmalen Felsvorsprung, der fast vollständig vom Elzbach umflossen wird, steht Turm neben Turm, hier ein vorgebauter Erker, da ein spitzes Dach, dort ein vorspringender Giebel. Je näher man der Burg kommt, desto dichter rückt alles zusammen, desto uneinnehmbarer überragt die Burg das Tal.

Als „Burg schlechthin" wird Eltz häufig beschrieben, doch betrachtet man den Bau und seine Geschichte genauer, stellt man fest, daß die Burg in vielerlei Hinsicht einzigartig ist. Sie wurde als eine von nur wenigen deutschen Burgen nie gewaltsam eingenommen und daher auch nie zerstört. Lediglich einmal in ihrer 800jährigen Geschichte schien sie gefährdet zu sein: 1331 ließ der Trierer Erzbischof Balduin gegenüber der Burg eine Belagerungsburg – Trutz-Eltz genannt – erbauen. Von dort wurde Eltz mit den großen Steinkugeln beschossen, die heute noch im Burghof zu sehen sind. Zwar gelang es nicht, die Burg zu erobern, aber die Eltzer mußten 1333 ausgehungert kapitulieren. Während der Kriege Ludwigs XIV. blieb die Burg verschont, weil im französischen Heer ein Offizier diente, der dem lothringischen Zweig der Familie entstammte. Als einzige Moselburg wurde sie somit nie vernichtet.

Burg Eltz ist eine sogenannte Ganerbenburg, d. h. die Burg verblieb nach Aufspaltung des Hauses Eltz in die drei Linien Rübenach, Kempenich und Rodendorf im Besitz aller Linien. Diese bildeten eine Art mittelalterlicher Erb- und Wohngemeinschaft. Jede Linie errichtete ihre eigenen Wohngebäude, wobei wachsende Bewohnerzahl und immer knapper werdender Wohnraum die Familien zwangen, nach oben zu bauen. So ragen heute zahlreiche Türme und Türmchen in die Höhe. Bei einem geführten Rundgang, der sich unbedingt lohnt, kann man sie näher entdecken.

Der schönste Raum ist das *****_Rübenacher Schlafgemach,_ das vollkommen mit Blüten und Blumenranken ausgemalt ist und einen kleinen Kapellenerker besitzt, architektonisch besonders reizvoll der *Fahnensaal* mit seinem gotischen Netzgewölbe. Die *Schatzkammer* trägt ihren Namen zu Recht. Dort wendet man sich fast geblendet ab vor Gold und Silber, von Meistern auf feinste Weise verarbeitet. ⌚ April–Okt., tägl. 9.30–17.30, Führungen alle 10–20 Min., Dauer etwa 40 Min.

Wer eine Pause braucht, kann sich auf der Terrasse von einer der beiden Burgen mit Kaffee und Kuchen oder auch Bockwurst und Bier stärken. Folgt man weiter der Moselstraße, gelangt man nach

Treis-Karden (2600 Einw.). Die Gemeinde gibt es erst seit 1969. Damals vereinigte eine Gebietsreform die selbständigen Orte Treis (am rechten Moselufer) und Karden (linkes Moselufer). Beide Ortsteile sind durch eine Brücke verbunden, aber bereits zur römischen Zeit, als Treis ein Verkehrsknotenpunkt war, existierte hier eine Furt.

Karden wird von der weißgetünchten mächtigen *****_Stiftskirche St. Kastor,_ dem ältesten Sakralbau zwischen Koblenz und Trier, überragt. Die Kirche ist das Zentrum des Ortes, um sie herum erstreckt sich der alte Stiftsbezirk. Hier finden sich einige schöne alte Bauten. Wer möchte, kann sich direkt bei der Kirche vor dem Gasthaus zur Linde

1
Seite 51

niederlassen, einen Riesling genießen und sich über die Geschichte der Kirche informieren.

Bereits vor der Römerzeit befand sich auf dem nahegelegenen Martberg ein Heiligtum der Kelten; später kamen die Römer, und im 5. Jh. wurde Karden erstmals in Geschichtsbüchern erwähnt. Um 350 gründete der hl. Kastor hier eine christliche Gemeinde. Nach seinem Tod wurde Karden zum Wallfahrtsort. Die Bedeutung des kleinen Ortes wuchs, er wurde Sitz eines Chorbischofs, und von hier aus wurde für den Trierer Erzbischof der gesamte untere Moselraum bis zum Rhein verwaltet. So verwundert nicht, daß man eine große Kirche baute, den „Moseldom", wie er hier genannt wird. Er wurde im 12. und 13. Jh. vermutlich auf Fundamenten einer karolingischen Kirche errichtet. Zwei wuchtige, eckige Chortürme sind dem Fluß zugewandt, die andere, westliche Seite hat einen Turm mit einer barock geschweiften Haube. Die Kirche mußte in den letzten 25 Jahren mehrfach restauriert werden. Es gab statische Probleme, die vermutlich durch den Bau der Staustufe bei Müden verursacht wurden. Der Pfarrer der Gemeinde hatte zwar schon vor dem Bau auf die Gefahren hingewiesen, stieß aber auf taube Ohren. So wurden teure Restaurierungsarbeiten unumgänglich.

Den vielleicht besten Blick auf die Kirche St. Kastor hat man von Treis aus. In dem Ort selbst gibt es kaum alte Bauwerke, die Bombardierung der Moselbrücke 1945 zerstörte die Katharinenkirche aus dem 15. Jh. An ihrer Stelle steht jetzt das Rathaus, nur der Chor ist als Anbau erhalten geblieben. Von alten

Neben dem Raps- ist auch der Getreideanbau im Maifeld verbreitet

Die Stiftskirche St. Kastor in Treis-Karden

1

Seite 51

Zeiten zeugen auch zwei Burgruinen oberhalb der Stadt: die Burg Treis und die Wildburg. Eine Einrichtung aus jüngerer Zeit zieht viele Besucher an: das *Spiel- und Spaßbad Treis-Karden* (Bruttiger Straße im Ortsteil Treis; u. a. 40 m lange Wasserrutschbahn, zwei Wasserkanonen, große Spiel- und Liegewiesen, Café mit Terrasse).

ℹ Verkehrsamt, Postfach 1134, 56251 Treis-Karden, ☎ 0 26 72/61 37, FAX 27 80.

Ⓗ **Gasthaus zur Linde,** Bahnhofstraße 10, 56253 Treis-Karden, Ortsteil Karden, ☎ 0 26 72/20 41, eigener Weinbau, Weinproben. Ⓢ
Ⓡ **Alte Weinstube „Burg Eltz",** Burg-Eltz-Weg 2, 56253 Treis-Karden, ☎ 0 26 72/25 59, seit 350 Jahren in Familienbesitz, rustikale Atmosphäre, eigener Wein, Liegewiese, gutes Restaurant. Ⓢ

Weiter geht die Fahrt auf der linken Moselseite. Von Karden aus kommt man zunächst nach *Pommern,* dessen Name vom lateinischen Pomarium, Obstgarten, abgeleitet wurde. Dann folgt *Klotten,* ein reizvolles Dorf mit schönen Fachwerkhäusern. Lohnend ist ein Aufstieg zur Kirche *St. Maximin.* Sie liegt hoch über dem Ort – ein stiller Platz, von dem man einen guten Ausblick über die verwinkelten Gassen, das Moseltal und auf die Ruine Coraidelstein (Konradstein) hat.

Kurz vor dem Ortseingang nach Klotten liegt rechts ein kleiner Parkplatz. Ein Durchlaß unter dem Bahndamm bietet Zugang zum Dortebach, an dem entlang sich ein Wanderweg bis zur halben Höhe des Hanges schlängelt. Dort biegt der Weg ab und führt auf die Höhe des Dortebach-Erosionstals. Es wird von fast senkrecht in die Tiefe fallenden Felsen begrenzt. Das *Dortebachtal* ist Naturschutzgebiet. Hier konnte sich eine interessante, für die Moselregion untypische Flora entwickeln. Es wachsen Königskerzen, Enzian, Christrose, Fingerhut, wilder Hopfen und andere Pflanzen, die ansonsten eher 1000 km weiter südlich in alpinen Regionen anzutreffen sind. Die Wanderzeit zum Dortebachtal beträgt hin und zurück etwa eineinhalb Stunden.

Nur wenige Kilometer trennen Klotten von

* **Cochem** (6300 Einw.), dem wichtigsten Fremdenverkehrszentrum an der Untermosel. Cochem bietet alles, was das Touristenherz erfreut: Den Ort überragt eine malerische Burg, in den Gassen trifft man auf wunderschöne Fachwerkhäuser, es gibt reichlich Hotels, Restaurants und Tanzgaststätten aller Preislagen, Ausflugs- und Tanzfahrten per Schiff werden angeboten, Wildpark und Märchenwald locken. In der Saison drängen sich bis zu 20 000 Besucher täglich durch die Gassen, insgesamt übernachten bis zu 500 000 Touristen im Jahr hier, und 2,5 Mio. Tagesausflügler werden gezählt. Das einzige, was fehlt, ist – Ruhe.

Schön ist es trotzdem. Bummeln Sie durch die Altstadt! Halten Sie am Marktplatz, betrachten Sie das barocke *Rathaus* (1739), die Fachwerkbauten und den Martinsbrunnen! Alles wird überragt von der barocken Turmhaube der *Martinskirche.* Sehenswert sind auch das *Balduinstor* und das *Endert-tor,* in dem heute die „Alte Thorschenke" untergebracht ist. Die beiden Tore sind Reste der mittelalterlichen Stadtbefestigung, sie stammen – wie der Name Balduinstor schon vermuten läßt – aus der Zeit des Erzbischof Balduin von Trier, der Cochems Burg ausbauen ließ und die Stadt zur Zollstation für die Schiffahrt auf der Mosel machte. Eine dicke Eisenkette überspannte damals den Fluß, und wer sie passieren wollte, mußte Zoll bezahlen.

Die * *Reichsburg* ist ein Muß. Die Burg überragt das Tal und beherrscht seit dem 11. Jh. den Lauf der Mosel am Cochemer Krampen, wie die weite Flußschleife genannt wird. Später wurde sie mehrfach um- und ausgebaut, bis die Franzosen sie 1689 zerstörten. Zweihundert Jahre später begann der Wie-

1
Seite 51

deraufbau. Innerhalb von acht Jahren (bis 1877) wurde die Burg wiederaufgebaut. 🕓 15. März bis Ende Okt. tägl. 9–17 Uhr. Auch Technikfreunde finden in Cochem eine Besonderheit: den *Kaiser-Wilhelm-Tunnel,* der mit 4,2 km Länge heute immer noch der längste Tunnel in Deutschland ist. Er wurde 1877 eröffnet und verkürzt die Strecke Cochem – Eller um 21 km.

Tierfreunde können einen Ausflug zum *Wildpark Klotten* unternehmen. Mit dem Sessellift geht es hinauf zum Pinnerkreuz und von dort per pedes weiter zum Wildpark Klotten. Die Wanderzeit beträgt ca. eine halbe Stunde. In dem 60 ha großen Freigehege tummeln sich Rot- und Damwild, Bergziegen, Wildschweine und Steinböcke; zu sehen sind auch Greifvögel wie Adler, Bussarde, Milane und Falken, außerdem Schnee-Eulen. Der Rundweg durch den Park ist etwa 2,5 km lang. 🕓 April–Okt. tägl., im Winter Do–Mo 9 Uhr bis zum Einbruch der Dunkelheit.

Nach all den Besichtigungen lohnt sich ein Spaziergang zum Moselufer. Dort finden sich zahlreiche Restaurants, für jeden Geschmack ist etwas dabei.

ℹ Tourist-Information, Endertplatz 1, 56812 Cochem, ☎ 0 26 71/39 71.

Ⓗ **Parkhotel Landenberg,** Sehler Anlage 1, ☎ 0 26 71/30 43. Direkt am Moselufer und einmalig ruhig liegt die Luxusherberge, die mit Hallenbad, Sauna und Solarium ausgestattet ist. Hervorragende Küche, Weine aus eigenem Anbau. Weinproben möglich. $$
Brixiade, Uferstr. 13, ☎ 0 26 71/98 10. Wer außerhalb des Trubels wohnen will, ist hier gut aufgehoben. Restaurant mit gutbürgerlicher Küche. $
Jugendherberge, Klottener Str. 9, ☎ 86 33. Die Herberge (167 Betten) liegt im Ortsteil Cond, umgeben von Weinbergen mit Blick auf Cochem.
Ⓡ **Alte Thorschenke,** Brückenstr. 3, Weinrestaurant in Gebäude aus dem 14. Jh., urgemütlich. Wildspezialitäten, Forellen- und Aalgerichte, auch Übernachtungsmöglichkeiten. $

Die Reichsburg über Cochem

Rathaus und Marktplatz von Moselkern

Burgfest auf der Cochemer Reichsburg

Taxi Zell 06542 / 4444

Route 2

2

Seite 59

Wein und Burgen im Überfluß

***Beilstein – Ediger-Eller – St. Aldegund – Alf (Burg Arras) – Bad Bertrich – Marienburg – Zell – *Abtei Springiersbach – *Enkirch – *Traben-Trarbach – Kröv – **Bernkastel-Kues (66 km)**

Das deutsche Weinparadies, die Landschaft zum Staunen, das ist die Mittelmosel. In schier unendlichen Schleifen schlängelt sich der Fluß durch das Mittelgebirge. Sitzt man auf einem Moselschiff, wird der Blick in die Ferne immer wieder durch einen Hügel versperrt. Dort kann es nicht weitergehen, der steht ja mitten im Flußlauf, denkt man sich, aber plötzlich windet sich die Mosel wieder zur Seite.

Links und rechts ziehen sich die Wingerte – Weingärten – die Hänge hinauf, dicht an den Fluß gequetscht liegen die Weinorte, einer romantischer als der andere, manch einer auch schon eher kitschig: alle mit Fachwerkhäusern, engen Gassen, Blumenkästen und Weinranken an den Häusern, Weinhandlungen, Winzerhöfen und Weingaststätten. Abends wird hier getanzt, man sitzt gemütlich bei einem Glas Wein zusammen.

Auch diese Route folgt bis auf kurze Abstecher dem Flußlauf.

In Cochem (s. S. 56) wechselt man besser noch nicht die Moselseite, sondern bleibt weiter auf dem linken Ufer. Denn schöner als eine Fahrt über die Brücke ist es, den Fluß später per Fähre zu überqueren. Folgt man dem linken Ufer moselaufwärts, hat man zunächst einen schönen Blick auf die steil abfallenden Hänge auf der anderen Uferseite. Dem Ort *Ernst* gegenüber liegt *Bruttig-Fankel,* das aufgrund seiner verkehrsungüstigen Lage lange sein altertümliches Ambiente bewahren konnte. Bei Fankel befindet sich die vierte Staustufe der Mosel, sie liegt auf 79 m über dem Meeresspiegel und damit um 6,5 m höher als die in Müden. Beim Bau der Staustufe mußten 1,3 Mio. Kubikmeter Felsgestein abgebaggert werden.

Bevor man Poltersdorf erreicht, kann man einen der schönsten Ausblicke genießen, die das Moseltal zu bieten hat. Die Ansicht von

***Beilstein** (160 Einw.) über die Mosel hinweg entspricht allen gängigen Postkartenklischees. Der kleine Ort, der früher Stadtrechte besaß, zwängt sich zwischen die steil aufragenden Weinberge. Die spitzen Hausgiebel drängen sich dicht aneinander und werden überragt von dem barocken Kirchturm. Über dem Ort thront eine Festung, zu deren Höhe sich die Wingerte emporziehen. Wenn die Nachmittagssonne auf Häuser und Berge scheint, hat man allen Grund zum Staunen und zur Bewunderung.

Wie gut, daß es hier eine Autofähre gibt und man nicht nur aus der Entfernung staunen muß. Ist man am anderen Ufer angelangt, wird nur zu offensichtlich, daß auch viele andere Besucher der Schönheit des Ortes erliegen. Beilstein ist populär; nicht umsonst diente es oft genug als Filmkulisse, besonders in früheren Zeiten. Rudolf G. Bindings Novelle „Moselfahrt aus Liebeskummer“ und Heinrich Spoerls witziger Roman „Wenn wir alle Engel wären“ wurden u. a. hier verfilmt, letzterer sogar zweimal (1936 und 1956).

Dem Ansturm auf Beilstein sind jedoch natürliche Grenzen gesetzt. Der Ort liegt eingezwängt zwischen Ufer und aufragenden Bergen und kann sich nicht ausdehnen. Schon in früheren Zeiten mußten das die Baumeister erfahren. Der Marktplatz der Kleinstadt wurde buchstäblich aus dem Felsen

Zeller Erlebnisbad Land   Am Sportzentrum

herausgebrochen. Jeder Meter Grundfläche wurde ausgenutzt, dicht an dicht drängen sich die Fachwerkbauten, die Gassen sind ungeheuer eng.

Treppen führen bergan zur barocken Kirche und zur *Burg Metternich*. Diese beiden Bauten bestimmen nicht nur die Silhouette von Beilstein; ohne sie hätte sich der Ort auch nicht entwickelt. Bereits im 12. Jh. wurde die Burg erwähnt, 1319 erhielt Beilstein Stadtrechte. Ab 1310 ließen sich im Schutz der Burg zehn jüdische Familien aus Oberwesel am Rhein nieder; die Burgherren stellten ihnen gegen Zahlung einen Schutzbrief aus, der ihnen eine gewisse Sicherheit verlieh. Die so entstandene jüdische Gemeinde begründete den Wohlstand der kleinen Stadt.

Die Burg ist heute eine Ruine, sie wurde – wie die übrigen Moselburgen auch – 1689 von den Franzosen gesprengt. Ihr letzter Besitzer, der sie danach vor dem vollständigen Verfall bewahren ließ, war der kaiserlich-österreichische Staatskanzler Clemens Lothar Fürst von Metternich. Die Ruine kann besichtigt werden; ungewöhnlich ist der fünfeckige Bergfried.

Einer der Vorfahren Metternichs war der Trierer Dompropst Emerich von Metternich. Er siedelte im 17. Jh. Karmeliter in Beilstein an, deren *Kirche* 1738 vollendet wurde. Im Innern der Kirche steht die sogenannte „Wunderbare Schwarze Muttergottes von Beilstein". Sie ist älter als die Kirche selber und wurde vermutlich im 13. Jahrhundert geschaffen. Spanische Truppen brachten sie im Dreißigjährigen Krieg mit. Nach der Auflösung des Klosters 1802 kaufte sie zunächst ein Privatmann, dann ein Pfarrer, der sie dem Erzbischof von Trier schenkte. Dieser stiftete sie dem Erzbischöflichen Diözesanmuseum, und von dort wanderte sie 1950 wieder nach Beilstein.

Nach einem kurzen Bummel durch die Fachwerkgassen sollte man sich unbedingt noch die Zeit nehmen, um in

Winzerschenke in Beilstein

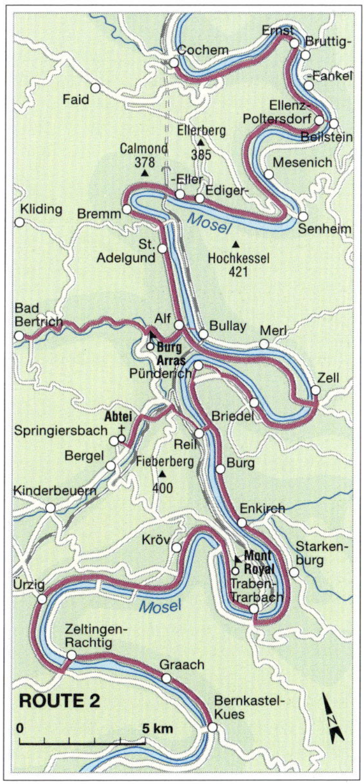

2
Seite
59

Beilstein bei einem Schluck Wein zu verweilen. Schließlich werden die Tropfen vom Beilsteiner Schloßberg von Kennern als besonders feinfruchtige, leichte bis gehaltvolle Weine mit Spiel und Eleganz gerühmt.

2

ℹ Verkehrsamt Cochem-Land, Ravenéstraße 6, 56812 Cochem, ☏ 0 26 71/60 81 43.

Seite 59

🏨 **Haus Lipmann,** Moselstraße, 56814 Beilstein, ☏ 0 26 73/18 50. Direkt am Marktplatz von Beilstein liegt die jahrhundertealte romantische Unterkunft. Im gleichen Haus befinden sich die *Alte Mosel-Weinstuben,* rustikal und antik eingerichtet, daneben der *Zehnthauskeller,* der historische Weinkeller im ehemaligen Zehnthaus (1574 erbaut) des Reichsgrafen Metternich – die vielleicht schönsten Plätze, um den Beilsteiner Riesling zu genießen. ($)

Mit der Fähre geht es wieder hinüber auf das andere Moselufer, dann weiter durch Poltersdorf, wo die Bundesstraße unter dem Glockenturm durchführt, durch Sehnhals und Nehren bis nach

Ediger-Eller. Zunächst kommt man nach Ediger, einem zu Unrecht weniger bekannten Ort. Die meisten Besucher zieht es direkt den steilen Ediger-Kreuzberg hinauf; dort lockt in einer schlichten Kapelle eines der schönsten Kunstwerke im Moselraum: das in Stein gehauene ******Reliefbild* „Christus in der Kelter". Christus steht, das Kreuz auf dem Rücken, auf der Kelter. Die Kelterschraube preßt auf das Kreuz, sie drückt den Gottessohn hinab, sein aus fünf Wunden fließendes Blut vermischt sich in der Kelter mit Wein. Die symbolische Bedeutung von Wein und Weintrauben wird hier aufgehoben. Gewöhnlich steht der Rebensaft für Lebensfreude und -kraft. Die Trauben, die die Muttergottes dem Sohn reicht, gelten üblicherweise als Symbol der Fruchtbarkeit. Hier wird statt dessen an die Verwandlung des Blutes Christi in Wein gedacht, an den Schmerz des Gekreuzigten erinnert. „Ich habe sie gekeltert in meinem Zorn und getreten in meinem Grimme" ist auf dem Rahmen des nur 90 x 100 cm großen Reliefs zu lesen. Das Relief stammt aus dem 16. Jh., und das ist schon alles, was man darüber weiß. Der Künstler, der es schuf, ist leider unbekannt.

Von Ediger führt ein steiler Kreuzweg mit 15 Bildern aus dem 18. Jh. bis hinauf zur *Kapelle.* Er soll an die Kreuzigung Christi erinnern. Die Anzahl der Bilder ist ungewöhnlich; normalerweise zeigen Kreuzwege 14 Stationen. Die 15. veranschaulicht hier die legendäre Auffindung des Kreuzes durch Kaiserin Helena. Wer den Weg nicht gehen kann oder mag, fährt mit dem Wagen den Berg hoch bis zum Wanderparkplatz. Von dort sind es nur noch wenige Gehminuten. Der Weg zur Kreuzkapelle ist schon in Ediger ausgeschildert. Lohnend ist der Besuch der Kreuzkapelle nicht nur für Kunstinteressierte; von der Höhe der Weinberge hat man auch einen überragenden Blick über die Mosel mit ihren Schleifen. Die Dächer von Ediger glitzern im Sonnenlicht, fast endlos reiht sich Rebstock an Rebstock.

Doch nicht nur die Umgebung von Ediger ist reizvoll, auch der kleine Ort selbst macht einen romantisch verträumten Eindruck. Enge Gassen ziehen sich den Berg hinauf. Die Struktur von Alt-Ediger ist simpel. Vom Moselufer führen ein knappes Dutzend Gassen bergan. Sie enden größtenteils an der Hochstraße, die parallel zum Moselufer verläuft. Am höchsten Punkt innerhalb des Dorfes steht die Pfarrkirche *St. Martin.* Auch von der Ringmauer, die im 14. Jh. das gesamte Dorf umgab, sind noch große Teile erhalten. Beim Bummel durch den Ort lassen sich einige schöne Häuser entdecken. Im Dorf scheint die Zeit stillgestanden zu sein. Mehr als 60 Häuser aus dem 16. bis 18. Jh. machen den Ort für Fachwerkfreunde attraktiv.

ℹ Verkehrsamt, Pelzerstr. 1, 56814 Ediger-Eller, ☏ 0 26 75/13 44.

🏨 **Weinhaus Feiden,** Moselweinstraße 22, 56814 Ediger-Eller,

☏ 0 26 75/2 59. Direkt am Ufer gelegen, mit großer Terrasse und Blick über die Mosel und Weinberge. Im Restaurant Wild- und Fischspezialitäten; eigenes Weingut und Jagdgelegenheit. (S)

Auf dem Weg nach Bremm passiert man den 378 m hohen *Calmont*. Der Berg ist berühmt bei den Winzern aus aller Welt, denn er ist mit über 65 % Steigung der steilste Weinberg Deutschlands. Bis an seine Spitze ist er mit Weinstöcken bepflanzt, zäh und ausdauernd legten Generationen von Winzern kleine und kleinste Terrassen an, die mit Stützmauern gesichert wurden. Maschinelle Arbeit ist hier nicht möglich, alles muß per Hand getan werden. Aber die Mühe lohnt sich. Die Weine dieser Lage sind auch deshalb geschätzt, weil hier das Klima besonders warm ist, was sich positiv auf die Qualität der Trauben auswirkt. Der Boden ist besonders schieferhaltig und speichert die Wärme hervorragend, auch die gestaute Mosel stabilisiert das Klima.

Der Calmont

Auf der anderen Moselseite liegt eine wunderliche Kirchenruine mitten im flachen Wingert. Es sind dies die Überreste der Hauptkirche des *Klosters Stuben*. Vom 12. Jh. an gab es hier ein Nonnenkloster, aber im 18. Jh. wurde das Kloster, weil die Nonnen wohl wenig fromm lebten, zunächst in ein freies Damenstift umgewandelt und schließlich 1794 aufgelöst. Seitdem verfiel es, heute bietet die hoch aufragende Ruine der Kirche besonders im Schein der untergehenden Sonne einen romantischen Anblick.

Ediger-Eller: „Christus in der Kelter"

Bleibt man auf der linken Moselseite, gelangt man nach

St. Aldegund. Auch dieser Ort zwängt sich zwischen Moselufer und Weinbergen hindurch; auch hier ist jeder Bewohner zumindestens noch im Nebenerwerb im Weinbau tätig. In römischer Zeit und auch im Mittelalter war St. Aldegund ein wichtiger Umschlagplatz für Wein. Hier bildete die „Laache", ein

Landschaft bei Ediger-Eller

2
Seite 59

2

Seite 59

toter Moselarm, einen natürlichen Hafen. Er verschwand, als die Staustufe angelegt wurde. Die Moselschiffer luden den Wein hier ab, und auf Karren wurde er dann weiter nach Norden – nach Belgien, Holland und an den Niederrhein – gebracht. Bummeln Sie ein wenig durch den Ort, es gibt manch schönes Fachwerkhaus, wie das Christophorus-Haus von 1470 (Römerstraße/Christophorusstraße), zu entdekken.

🏨 **Hubertusstube,** Am Moselstausee 26, ☎ 0 65 42/25 30, 56858 St. Aldegund. Familiär geführtes Hotel mit kleinem Restaurant, gemütlich bis kitschig eingerichtet, Kinderermäßigung. ($)

Von St. Aldegund sind es nur wenige Kilometer bis nach *Alf.* Dort beginnt eine der größten und schönsten Moselschleifen. Nach rechts zweigt die Bundesstraße 49 nach Trier ab. Geradeaus geht es ebenfalls nach Trier, aber der Weg an der Mosel entlang ist mit 100 km Länge beinahe doppelt so weit. Alf selbst bietet außer dem Moselpanorama wenig, der Ort eignet sich aber, genau wie das gegenüberliegende Bullay, gut als Ausgangspunkt für Ausflüge in die Umgebung. In

Bullay (1500 Einw.) befindet sich die Bahnstation, hier war früher auch der Endpunkt des sogenannten Saufbähnchens (s. S. 26). Beide Orte sind durch eine Fähre und eine sehenswerte Brükke verbunden. Deren Konstruktion ist an der Mosel einzigartig: ein doppelstöckiges Gittergerüst, unten Straße, darüber die Eisenbahnlinie.

🏨 **Hotel Bömer**, Ferdinand-Remy-Straße 27, 56859 Alf, ☎ 0 65 42/23 10, ruhig gelegen, aber nicht direkt an der Mosel, Sonnenterrasse, eigener Weinbau, kostenloser Fahrradverleih für Hotelgäste, Restaurant. ($)
Hotel Moselperle, Königswiese 4, 56859 Bullay, ☎ 0 65 42/2 05 12, Familienhotel in alter Villa, Liegewiese, Terrasse und Blick auf die Mosel, Haustiere erlaubt, Restaurant mit ungarischen und deutschen Spezialitäten, Wild- und Fischgerichte. ($)

Zwei schöne Ausflüge führen von der Mosel weg in Richtung Eifelhöhen. Folgt man dem Tal des Alfbachs, erhebt sich unübersehbar auf einem Bergkegel die

Burg Arras. Hier soll der Sage nach ein riesenhafter und bärenstarker Schmied namens Arras gemeinsam mit seinen zwölf ebenso gearteten Söhnen die Hunnen, die von der Eifel aus zur Mosel einfallen wollten, aufgehalten und zurückgeschlagen haben. Aus Dankbarkeit gab Kaiser Otto I. ihm 958 die Burg zum Lehen. Heute ist sie in Privatbesitz, es gibt ein Restaurant (mit Übernachtungsmöglichkeit) und ein kleines Museum, das unter anderem an den ehemaligen Bundespräsidenten Heinrich Lübke erinnert. Lübke stammte zwar nicht von der Mosel, sondern aus dem Sauerland, aber der heutige Besitzer der Burg ist mit ihm verwandt.

Etwa 8 km entfernt liegt

Bad Bertrich recht versteckt inmitten des Kondelwaldes. Bad Bertrich ist das einzige Glaubersalzthermalbad in Deutschland und neben Karlsbad in der Tschechischen Republik das einzige in Europa. Der Ort ist heute als Heil- und Kurort für Allergien, Stoffwechsel- und Rheumaerkrankungen bekannt. 123 Liter Thermalwasser (32 °C) sprudeln je Minute aus der Quelle. Schon Kelten und Römer hatten sie genutzt; aus der Römerzeit stammt noch die Einfassung der Quelle. Doch danach geriet das Bad in Vergessenheit. Erst im 18. Jh. erwachte Bad Bertrich zu neuem Leben, der Trierer Kurfürst Clemens Wenzeslaus von Sachsen ließ 1785–1788 ein Kurhaus erbauen und machte das Städtchen zu seiner Sommerresidenz. Heute kommen jedoch nicht nur Kranke nach Bad Bertrich, sondern auch viele Tagesbesucher, die die alten Rokoko-Kuranlagen besichtigen wollen. Außerdem reizt der Kondelwald zu Wanderungen.

2
Seite 59

Der kleine Moselort Alf

***Zeller Hamm** wird die Moselschleife zwischen Alf und Pünderich genannt, denn der berühmte Weinort Zell liegt inmitten des Bogens; Hamm ist eine alte Bezeichnung für das Kummet, den Teil des Pferdegeschirrs, der um den Hals des Tieres gelegt wird, und genauso gebogen wie dieser ist hier der Mosellauf. Vom Beginn des Bogens bis zu dessen Ende sind es in Luftlinie nicht einmal zwei Kilometer. Am Fluß entlang beträgt die Distanz hingegen zwölf Kilometer, denn das Wasser sucht sich seinen Weg um die beiden Berge, den Barlberg und den Petersberg.

Kurhaus und Kurpark von Bad Bertrich

Die *Marienburg* liegt mitten auf dem Petersberg. Sie kann von Zell aus besucht werden, und auch von der Bundesstraße führt kurz hinter Alf eine Abzweigung hinauf; schöner ist aber der Weg zu Fuß von Alf aus. Der Fußweg beginnt neben dem Mosel-Hotel „Alf". Er führt an einer Wassertretstelle vorbei hinauf in die Weinberge. Man passiert einen Soldatenfriedhof und erreicht bald den Aussichtsturm *Prinzenkopf*. Von oben herab hat man einen wundervollen Ausblick über die Moselschleife. Mit einem Blick ist die Mosel gleich zweimal zu sehen. Am Ziel der Wanderung, der Marienburg, bietet sich dem Betrachter dieses herrliche Panorama noch einmal. Hier gibt es auch ein Ausflugscafé, in dem sich der Ausblick noch mit Kuchen „verschönern" läßt.

Die Marienburg thront auf dem Petersberg

Die Marienburg ist heute eine Bildungsstätte der Diözese Trier. Sie hat eine alte Geschichte: Bereits die Kelten hatten hier eine Kultstätte, die Römer befestigten den Hügel, um ihren Handelsweg entlang der Mosel abzusichern. Später enstand hier eine Kirche, dann ein großes Kloster adliger Augustinerinnen. Erzbischof Richard von Greiffenklau ließ das Kloster nach Stuben verlegen. Offizielle Begründung dafür war „die gelockerte Zucht der

2
Seite 59

Ordensfrauen", in Wirklichkeit ging es dem Kirchenfürsten aber darum, auf dem strategisch wichtigen Hügel eine Festung anzulegen. Die Feste hielt nicht lange, die Marienburg wurde im Dreißigjährigen Krieg immer wieder angegriffen und 1687 von den Franzosen endgültig zerstört. Im 19. Jh. verfiel mit zunehmender Säkularisierung auch die Kirche.

Die Diözese Trier ließ den Komplex in den fünfziger Jahren wieder aufbauen. In die neue Kirche, einen lichten Raum, wurde der alte Chor übernommen. Man sollte nicht den Besuch der kleinen Seitenkapelle versäumen; dort stehen zwei anrührende Statuen, eine Muttergottes sowie der Torso einer Heilandfigur, der beide Arme fehlen.

Zell (5500 Einw.), der nächste Ort der Route, ist als Weinort dank der „Schwarzen Katz" bekannt. Fast jedes Gasthaus und auch jedes Weingut trägt sie im Türschild. Zell gehört zu den wenigen Winzerorten, bei denen die Grenzen der Gemeinde mit denen der Großlage übereinstimmen.

Die Geschichte von der schwarzen Katz ist eine Es-war-einmal-Geschichte, und wie bei all diesen Erzählungen ist der Wahrheitsgehalt sehr umstritten: Es waren einmal drei Weinhändler aus Aachen, die in Zell Wein kaufen wollten. Sie konnten sich aber nicht entschließen, welchen sie nehmen sollten. Plötzlich sprang während der Weinprobe eine schwarze Katze auf eines der Weinfässer, machte einen Buckel und fauchte die Fremden an. Diese glaubten, wenn die Katze ein Faß so stark verteidige, müsse es wohl einen besonders guten Tropfen enthalten; und der Markenname war auch geboren. Der Katze, welcher Zell seinen Wohlstand verdankt, haben die Zeller inzwischen auch ein Denkmal gesetzt. Sie macht seit 1936 ihren Buckel auf dem Marktplatzbrunnen.

Die Stadt ist alt, ihre Geschichte reicht bis in die Keltenzeit zurück, aber nur wenige Bauten erinnern an ihre Vergangenheit; Brände haben im 19. Jh. ganze Arbeit geleistet. Oberhalb der Stadt steht von Reben umgeben das zweite Wahrzeichen der Stadt, der *Runde Turm* mit seinem barocken Schieferhelm – ein Rest der mittelalterlichen Stadtbefestigung. Mitten im Ort liegen die klassizistische *Petrikirche* aus dem 18. Jh. und das kleine *Schloß* aus dem 16. Jh. (heute ein Hotel). Aufgrund der Treue seiner Untertanen ließ Kurfürst Richard v. Greiffenclau diesen schönsten Bau der Stadt errichten und verlegte seinen Amtssitz hierher. 1522 hatte er das Glück, sich in der Not auf seine Zeller verlassen zu können. Damals belagerte Franz von Sickingen Trier, die Zeller halfen dem Erzbischof mit großem Elan bei der Verteidigung. „He stait ferme wie'n Zeller us'm Hamm" – er steht fest wie ein Zeller aus dem Hamm – wurde damals zum geflügelten Wort.

ℹ Tourist-Information Zeller Land, Rathaus, 56858 Zell, ☎ 0 65 42/7 01 22 u. 40 41.

Ⓗ **Gästehaus Grünewald,** Heinzenberg 24, 56858 Zell, ☎ 0 65 42/43 63. Nicht direkt an der Mosel, dafür am Sonnenhang und direkt am Waldrand liegt das sehr ruhige Gästehaus. Zimmer teilweise mit Balkon. Angeln im hauseigenen Forellenteich möglich. $

Ⓡ **Café Reinisch,** Balduinstr. 77, ☎ 0 65 42/45 80. Kaffee mit Kuchen sowie kalten und warmen Kleinigkeiten, die im Sommer auch draußen serviert werden. Abends wird an den Wochenenden im gleichen Haus auch getanzt. Dann öffnet **Reinischs Schwarze-Katz-Keller**, ein Weinlokal. $

Durch die liebenswerten Weinorte Briedel und Pünderich – lassen Sie sich nicht die von außen unscheinbare *St.-Martin-Kirche* in Briedel mit ihrer prächtigen barocken Ausmalung entgehen – erreicht man schnell die Moselbrücke bei Reil. Hier beginnt ein kurzer Abstecher zur

* **Abtei Springiersbach.** Aus Reil soll nicht ganz bestätigten Quellen zufolge

Gerhart von Ryle, der Baumeister des Kölner Domes, stammen. Der Weg führt durch den Ort hindurch und steigt steil durch die Weinberg. Am Ortsausgang befindet sich rechts an einem Weinberg ein besonders schönes *Wegkreuz* (s. S. 19). An der Bundesstraße ist der Weg zur Abtei Springiersbach gut ausgeschildert.

Die Klosterkirche ist bereits früh zu sehen. Sie paßt sich harmonisch in das Tal ein. Gehen Sie auf die nahen Höhen und betrachten Sie von dort die Kirche, den dahinterliegenden Kondelwald, die saftigen Wiesen und Weiden drumherum – eine nahezu perfekte Idylle.

Kloster Springiersbach wurde nach seiner Gründung im 12. Jh. rasch zu einer der wichtigsten Abteien an der Mosel. Es wuchs und wuchs, das Leben hier wurde immer attraktiver, die Sitten verfielen, mehr und mehr gewann der Adel Einfluß auf das Kloster, und ab 1600 bedeutete es eine Auszeichnung, überhaupt noch in Springiersbach aufgenommen zu werden. Bewerber mußten mindestens vier adelige Vorfahren aufweisen können. Ein Adelskloster – mit Betonung auf dem ersten Teil des Wortes – war entstanden, und so war es nur konsequent, daß das Kloster 1787 in ein Ritterstift umgewandelt wurde. 1794 wurde es nach der französischen Okkupation aufgelöst. Seit 1922 leben wieder Mönche hier, und das Kloster entwickelte sich zu einem Wallfahrtsort der Karmeliter. Unbedingt besichtigen sollte man die im 18. Jh. entstandene und 1940 nach einem Brand wiederaufgebaute barocke *Klosterkirche*. Der helle Innenraum zeigt prächtige Barockarchitektur, die lebhaften Deckengemälde wurden 1773 von Franziskus Freund aus Bernkastel geschaffen.

Zurück an der Mosel führt der Weg über die Reiler Brücke moselaufwärts. Bald ist

* **Enkirch** am Beginn der großen Moselschleife von Traben-Trarbach erreicht. Enkirch bietet eine Musterkollektion moselländischer Fachwerk-

Ein Weinberg der Zeller Schwarzen Katz

Die Kirche der Abtei Springiersbach

Ein Winzerhaus im Fachwerkort Enkirch

2

Seite 59

2
Seite 59

baukunst. Nehmen Sie sich Zeit für einen Rundgang und betrachten Sie die holzgeschnitzten Straßenschilder, die kunstvoll verzierten Giebel, die verspielten Figurenmuster. Heute ist das Leben in Enkirch beschaulich, was in früheren Zeiten mitunter nicht der Fall war. Die „Drille" ist ein gutes Beispiel für die früher sehr rigorose Enkirchner Gerichtsbarkeit. Es handelt sich dabei um einen drehbaren Käfig, der im Festsaal des Rathauses aufgehängt war. Früher wurden Missetäter – und als solche galten auch Bürger, die gegen das verstoßen hatten, was Adel und Klerus unter Sittsamkeit verstanden – in diesen Käfig gesperrt. Jeder, der vorüberkam, konnte nun den Käfig nach Herzenslust schaukeln. Als unsittlich galt beispielsweise in den Augen der Obrigkeit der Brauch, die unverheirateten Mädchen für ein Jahr als Partnerin zum Feiern von Festen an die meistbietenden jungen Männer zu versteigern, ein Brauch, der auch in vielen anderen Moseldörfern bestand.

Wer mehr über das Leben in alten Zeiten wissen will, sollte das *Heimatmuseum* aufsuchen. Dort wurden alte Werkstätten, eine Winzerküche und eine Wohnstube eingerichtet.

ℹ Verkehrsbüro, Brunnenplatz 2, 56850 Enkirch, ☏ 0 65 41/92 65.

In Enkirch führt eine Straße die Höhen hinauf bis zur *Starkenburg*. Dort kann man bei Kaffee und Kuchen die Aussicht genießen und sich die Geschichte der Loretta von Starkenburg, geborene von Salm, vor Augen führen. Sie lag in Fehde mit Balduin von Luxemburg, dem Trierer Erzbischof, und ließ ihn 1327 gefangennehmen. Seine Freiheit erhielt er erst neun Monate später wieder, nachdem er Lösegeld gezahlt und versichert hatte, keine kriegerischen Auseinandersetzungen mehr mit der Grafschaft Starkenburg zu führen. – Auch die Höhen über

***Traben-Trarbach** (6800 Einw.) bieten eine wunderbare Aussicht, denn die Kleinstadt liegt genau am Scheitelpunkt des Bogens, den die Mosel hier schlägt. In dessen Innern befindet sich der Aussichtspunkt der ehemaligen Festung Mont Royal, außen thront die Ruine Grevenburg über der Stadt und bietet einen ebenso prächtigen Blick über Stadt und Fluß.

Traben-Trarbach ist eine Doppelstadt; 1904 schlossen sich Traben auf dem linken Ufer und Trarbach auf der rechten Uferseite zusammen. Die Stadt ist eher als Weinhandels- denn als Weinbauort berühmt. In ihren Kellern lagern insgesamt 35 Mio. Liter Wein. Daher wundert es nicht, daß hier große Weinfeste gefeiert werden (Ende Juni sowie am 2. und 4. Wochende im Juli). Wer mit dem Auto ankommt, parkt am besten direkt am Moselufer der Trarbacher Seite.

Von dort sind einige Sehenswürdigkeiten direkt sichtbar: die Ruine der Grevenburg, die steil in den Himmel ragt, sowie das *Brückentor*, das auf der Trarbacher Seite die Moselbrücke begrenzt. Es wurde in den letzten beiden Jahren des 19. Jhs. erbaut, diente also eigentlich nicht der Stadtbefestigung, sondern hatte mehr dekorative Funktion. Zwar erwecken die beiden massiven Türme einen sehr wehrhaften Eindruck, aber die vielen feinen Schmuckelemente, wie z. B. die Reliefs eines tanzenden Winzerpaares (Landseite) und einiger Frauenköpfe, machen das Brückentor eher zum Zier- als zum Befestigungsbau.

Im Tor sind die stilvolle Brückenschenke und zwei Galerien untergebracht.

Der Berliner Architekt Bruno Möhring (1869–1929) erbaute nicht nur das Brückentor; auf seinen Spuren kann man auch gut durch Traben-Trarbach wandern. Nachdem in der zweiten Hälfte des 19. Jhs. viele alte Bauten in beiden Stadtteilen durch verheerende Brände zerstört worden waren, begann Ende des 19. und Anfang des 20. Jhs. ein regelrechter Bauboom. Ist das Brückentor noch mehr im Stil des Historismus gebaut, zeigt sich Möhrings spätere Entwicklung zum Jugendstil in anderen Bauten. Zunächst die in Trarbach: Am Wolfer Weg liegt die Kellerei Julius Kaiser & Co, 1906/07 erbaut, und etwas außerhalb des Ortes das Kurhaus Wildstein, das ebenfalls zu dieser Zeit entstand. Dort steht auch das Gebäude der Trarbacher Felsenquelle mit ihrer unverwechselbaren asymmetrisch ausgebildeten Giebelwand. In der Brükkenstraße 2 ist eine wundervolle Jugendstil-Ladeneinrichtung zu sehen. Eines der besterhaltenen Gebäude steht im Ortsteil Traben. Es ist das ehemalige Hotel Clauss-Feist, das jetzt Bellevue heißt. Jugendstilfans sollten sich hier eine Nacht gönnen. Im Sockel des Erkerturms prosten Dionysos und eine Mänade einer Fratze zu. Ihr Trinkspruch lautet: „O Abstinente armer Wurm zum Spott gemeizelt in den Turm Weil Du verschmähest Gottes Gaben woran sich brave Menschen laben.“

Traben-Trarbach: Anlegestelle der Ausflugsschiffe

2

Seite 59

Von den älteren Gebäuden, die die Stadtbrände überstanden, lohnt besonders das *Haus Böcking* einen Besuch, das Wohnhaus einer reichen Patrizierfamilie, die ihr Geld im Weinhandel und im Kupferbergbau machte. Hier übernachtete Goethe im Jahre 1792; heute beherbergt es das *Mittelmoselmuseum.* Es enthält Wissenswertes über Weinbau und Heimatkunde; alte Moselansichten und Karten sind ausgestellt. 🕓 April bis Okt. Di–So 10–18 Uhr.

Blick über den Ortsteil Traben

Vom Marktplatz aus führt ein steiler Weg durch die Weinberg hindurch und an einem Kriegerdenkmal vorbei zur *Grevenburg,* von der nur noch eine Ruine übriggeblieben ist. Sie wurde 1350–1357 errichtet und galt einst als eine der besten Festungen an der Mosel, aber aufgrund ihrer strategisch wichtigen Lage wurde sie zwischen 1620 und 1734 dreizehnmal von verschiedenen Truppen erobert, bis die

Traben-Trarbach: das auffällige Brückentor

2

Seite 59

Franzosen sie 1735 endgültig sprengten.

Von oben hat man einen guten Blick auf die Stadt, die Moselschleife und die andere Moselseite, wo die Ruine der Feste *Mont Royal* liegt. Diese wurde 1687–92 unter Ludwig XIV. von dessen Festungsbaumeister Vauban erbaut und war als größte Burg Europas geplant. Von dort und von der Grevenburg aus sollte die französische Herrschaft über die Mittelmosel gesichert werden. Aber der König übernahm sich mit dem Bau, die Burg wurde nie fertig. Im Frieden von Rijswijk wurde 1698 ihre Zerstörung bestimmt.

ℹ Verkehrsamt/Kurverwaltung, Bahnstraße 22, 56841 Traben-Trarbach, ☎ 0 65 41/90 11 u. 90 12.

Ⓗ **REMA-Jugendstilhotel Bellevue,** Aachener Str. 1–3, 56841 Traben-Trarbach, ☎ 0 65 41/20 65. Luxushotel im Jugendstilbau von Bruno Möhring mit guten Restaurant, Bar, Bierstube, Eiscafé, Fahrradverleih und allem anderen Komfort. $$$

Ⓗ Ⓡ **Hotel Moseltor,** Moselstraße 1, 56841 Traben-Trarbach, ☎ 0 65 41/65 51. Altes Natursteinhaus im Stadtteil Trarbach. Zwei Restaurants locken den Gast: **Bauers Restaurant** ist gediegen-stilvoll, **Bauers Stubb** bringt rustikale moselländische Kost auf den Tisch. $$

Die **Jugendherberge** liegt im Ortsteil Traben oberhalb der Mosel am Schulzentrum. Sie hat 176 Betten in Vier-Bett-Zimmern, die alle auch als Familienzimmer geeignet sind. Jugendherberge Traben-Trarbach, Hirtenpfad, 56841 Traben-Trarbach, ☎ 0 65 41/92 78.

Ⓡ **Alte Ratsschänke,** Kirchstraße 19, 56841 Traben-Trarbach, ☎ 0 65 41/93 57. Das älteste Weinhaus in Traben wurde bereits 1674 erbaut. Hier gibt es Moselspezialitäten aus der Winzerküche. $$

Kröver Nacktarsch

Berühmt wurde Kröv durch seinen „Nacktarsch", wie die dortige Großlage heißt. Dieser Name hat den Wein in aller Welt bekannt gemacht. Woher er stammt, ist umstritten, es gibt verschiedene Legenden. Eine berichtet, daß Götz von Berlichingen Urheber des Namens sei. Eine andere erzählt von den Mönchen des Klosters Wolf, die sich gewundert haben, daß der kahle Berg, derb ausgedrückt der „nackte Arsch", so viele und so gute Rebstöcke trug.

In einer dritten Variante ist wiederum von Mönchen die Rede. Es heißt, diese hätten traditionell den Lesearbeitern erlaubt, bei der Lese einen Tag nur in die eigene Tasche zu arbeiten. Da an diesen Tagen aber die Leute besonders eifrig arbeiteten, überlegte ein Klostervogt, wie er die Leistung der Tagelöhner drücken könne. Er ließ am Morgen ein Schwein schlachten und gab den Arbeitern das sehr fette Fleisch. Wenig später hatten alle heftigen Durchfall, die meisten ließen Arbeit Arbeit sein, nur ein ganz Gewitzter zog seine Hosen aus und pflückte fröhlich weiter Trauben. „Der Nacktarsch hat mich hineingelegt", soll der Klostervogt gerufen haben. Eine letzte Überlieferung, die auch auf den meisten Flaschenetiketten abgebildet ist, berichtet von einigen Frechdachsen, die heimlich in einen Keller stiegen und sich am besten Wein betranken. Sie wurden vom Kellermeister erwischt, der ihnen ordentlich den nackten Arsch versohlte.

Die Wahrheit über den Weinnamen ist wohl wesentlich prosaischer. Vermutlich ist er eine Ableitung des römischen Wortes Nectar, er kann aber auch vom keltischen Nackas kommen, was felsige Höhe bedeutet.

Café Balles, An der Mosel 20, 56841 Traben-Trarbach, ☎ 0 65 41/69 44. Mit großer Freiterrasse direkt am Trabener Moselufer. Spezialitäten aus der hauseigenen Konditorei. Ⓢ

Wer von der Festung Mont Royal aus nach

Kröv weiterreisen will, braucht nicht nach Traben-Trarbach zurückzukehren. Auch von dort oben führt ein Weg in den Winzerort. Kröv ist einer der beliebtesten Weinorte an der Mosel. Die Besucher drängen sich durch die engen Gassen, vor dem berühmten Dreigiebelhaus und auch in der „Reichsschenke zum Ritter Götz", wo das berühmte Zitat in fast allen lebenden (und außerdem in einigen toten) Sprachen die Wand verziert. Mit Kindern sollte man die Freizeitanlage Kröv besuchen, sie bietet neben verschiedenen Schwimmbecken auch eine Wasserrutschbahn (76 m).

Wer vor einigen Jahren die Vorabendserie „Moselbrück" der ARD gesehen hat, dem wird auch *Ürzig* bekannt vorkommen. Schließlich wurde die Serie hier gedreht – kein Wunder, bringt doch Ürzig all das mit, was einen Winzerort auszeichnet wie zum Beispiel einige romantische alte Häuser, enge Gassen und steil ansteigende Berge, die eine schöne Fernsicht über das Moseltal bieten. Das gleiche gilt auch für die Orte, die von hier aus noch bis Bernkastel folgen. Bei *Zeltingen-Rachtig* kann man die große Sonnenuhr, eine der ältesten des Moseltals, inmitten der Weinlage „Zeltinger Himmelreich" bewundern. Die Lagen in diesem Moselabschnitt sind berühmt, auch Konrad Adenauer schenkte dem US-Präsidenten Eisenhower mehrere Flaschen bei einem Staatsbesuch. Hier geht es über die Brücke, und nach wenigen Kilometern ist

** **Bernkastel-Kues** (Beschreibung s. S. 78) erreicht.

Eine Weinschenke in Traben-Trarbach …

… und das Hotel Bellevue im selben Ort

2
Seite 59

Route 3

Vom Wein zu den Edelsteinen

****Bernkastel-Kues – Morbach – Kempfeld – Idar-Oberstein – Fischbach – *Herrstein – Bundenbach – Rhaunen – Bernkastel-Kues (95 km)**

3
Seite 71

Dieser etwas längere Abstecher führt von der Mosel weg in den Hunsrück. Der Hunsrück ist eines der unbekannteren Mittelgebirge in Deutschland – aber zu Unrecht. Er lockt mit einer reizvollen Landschaft, großem Waldreichtum und einer interessanten Geschichte. Nicht zuletzt kommen Freunde edler Steine im Hunsrück ganz besonders auf ihre Kosten: Idar-Oberstein ist die deutsche Edelsteinzentrale. Die Route folgt auch teilweise der Deutschen Edelsteinstraße.

Hinter dem Marktplatz von Bernkastel führt die Bundesstraße 50 steil und kurvenreich bergan. Wenige Kilometer hinter Longkamp trifft sie auf die *Hunsrückhöhenstraße.* Diese ist die wichtigste Verkehrsverbindung durch das Mittelgebirge. Sie beginnt bei Koblenz, führt nach Süden und dann, etwa 20 km von der Mosel entfernt, parallel zum Fluß über die Mittelgebirgshöhe bis nach Saarburg. Ausgebaut wurde sie vorwiegend 1939 als Aufmarschstraße im Zuge der nationalsozialistischen Kriegsvorbereitungen. Von hier aus erkennt man schnell das Spezifische der heutigen Hunsrücklandschaft. Der Blick schweift über hügelige Landschaft; große Wälder wechseln mit sanft geschwungene Feldern ab, man sieht Ackerland, Viehherden und im Frühjahr überall den leuchtend gelben Raps.

Über die Hunsrückhöhenstraße erreicht man schnell **Morbach.** Der Ort ist Zentrum eines ausgedehnten Wandergebietes; hier führt der Europäische Fernwanderweg Nr. 3 vorbei, der sich vom Atlantik über die Ardennen bis zum Böhmerwald erstreckt. Hier beginnen auch viele Wanderer ihre Tour zum Erbeskopf, dem mit 816 m höchsten Hunsrückgipfel.

Die **Jugendherberge** Morbach liegt in der Nähe des Ortskerns. Sie hat 83 Betten und ein Familienzimmer. Jugendherbergsstraße 16, 54497 Morbach, ☎ 0 65 33/33 89.

Durch dichten Wald geht es über Bruchweiler nach Kempfeld, wo sich oberhalb des Ortes die *Wildenburg* erhebt. Sie liegt 675 m über NN und wurde um 1300 neben einer teilweise noch erhaltenen keltischen Fliehburg von den Grafen von Kyrburg erbaut. 1651 wurde die Burg von lothringischen Truppen niedergebrannt, 1660 wiederaufgebaut. Danach diente sie als Revierförsterei, heute gehört sie dem Hunsrückverein. Die Wildenburg ist keine große Festung, sondern eher ein romantisches Ausflugsziel. Im kleinen Burghof lassen sich Kaffee und Kuchen genießen. So gestärkt kann man den über der Burg liegenden 20 m hohen Aussichtsturm besteigen. Von oben hat man einen phantastischen Rundblick über Soonwald, Nahetal, bei gutem Wetter bis zum Erbeskopf und dem Pfälzer Wald. Tafeln geben an, in welche Himmelsrichtung man blickt und welche Orte, Wälder oder Gipfel zu sehen sind. 🕓 tägl. 9–18 Uhr.

Zu Füßen der Burg liegt das 42 ha große *Wildfreigehege Wildenburg,* in dem einheimische Tierarten gehalten werden. Es gibt einen Streichelzoo mit Damwild und Ziegen, aber auch ehemals einheimische Wildtiere wie Luchse und Wildkatzen, Wildschweine und verschiedene Greifvögel sowie einen großen Kinderspielplatz.

Ⓗ Ⓡ **Hotel-Café-Restaurant Wildenburger Hof,** 55758 Kempfeld, ☎ 0 67 86/70 33. Wildgerichte aus eigener Jagd, Kaffee und hausgemachter

Kuchen, geführte Wanderungen mit Edelsteinsuche, Videovorführungen zum Edelsteinhandwerk. (S)

Von Kempfeld aus führt der Weg durch das Idarbachtal nach

*** Idar-Oberstein.** Der Name löst bei Besuchern unterschiedliche Reaktionen aus. Kunstliebhaber schwärmen für die Burg und die einzigartige Felsenkirche, Edelsteinfreunde bekommen ein Glitzern in ihre Augen, und Umweltschützer erinnern sich noch an die heftigen Diskussionen um die Überbauung der Nahe Mitte der achtziger Jahre.

Seit diesem Umbau thronen Burg und Felsenkirche nicht mehr über dem Fluß, sondern über einer vierspurigen Straße; wenigstens muß sich der Verkehr nicht mehr durch die engen Altstadtgassen quälen.

Edelsteinstadt Idar-Oberstein

3
Seite 71

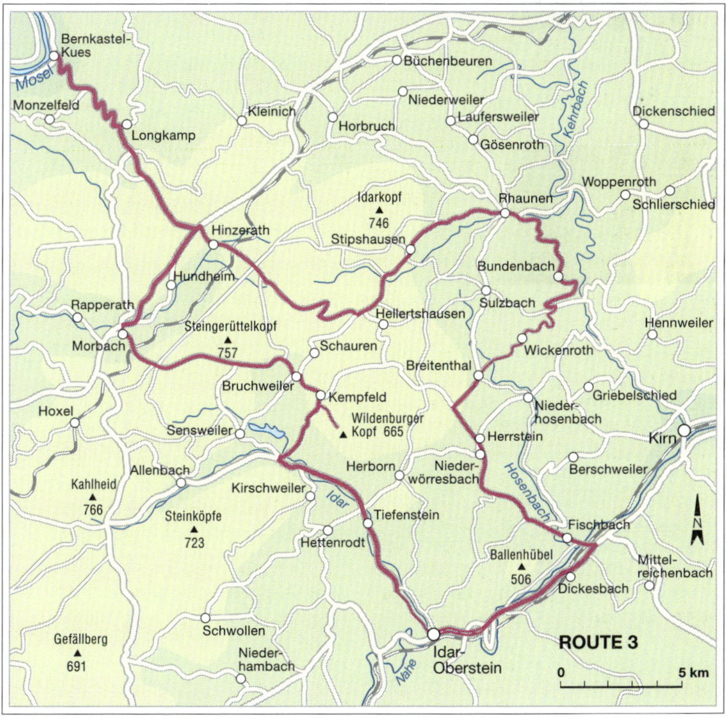

3

Seite 71

Einige kurze Informationen zur Geschichte der Stadt: Erst 1933 wurden die vier teilweise jahrhundertealten Gemeinden Idar, Oberstein, Algenrodt und Tiefenstein vereinigt, 1969 kamen weitere Ortschaften hinzu, so daß die Stadt heute 13 ehemals selbständige Orte umfaßt. Der bedeutendste ist Oberstein, er entwickelte sich um die Burg und die Felsenkirche. Idar-Oberstein lebt von der Edelsteinbearbeitung. Wurden ursprünglich heimische Steine verarbeitet – Achat, Amethyst, Bergkristall, Jaspis und Malachit –, so sind es heute fast ausschließlich importierte. 1830 entdeckten ausgewanderte Idar-Obersteiner im südlichsten brasilianischen Bundesstaat Rio Grande do Sul sowie im benachbarten Uruguay riesige Lagerstätten von Achaten und Amethysten; die Rohsteine wurden nach Deutschland geschickt und im Hunsrück verarbeitet. Später kamen Diamantenschleifereien hinzu, gleichzeitig entwickelte sich auch die Weiterverarbeitung, die Schmuckindustrie.

Heute ist Idar-Oberstein das deutsche Edelstein-Zentrum. Hier befindet sich die weltweit einzige *Diamant- und Edelsteinbörse* (untergebracht in einem 22stöckigen Gebäude im Stadtteil Idar).

Die ** *Felsenkirche* ist das schönste Wahrzeichen der Stadt. In 60 m Höhe wurde der Kirchenraum in die Felswand geschlagen, eine Treppe, knappe 200 Stufen, führt hinauf zur Kirche, deren Zugang seit 1980/81 in einem Tunnel liegt. Felsabbrüche und Steinschlag machten den Bau notwendig, der alte Eingang konnte nicht gut genug geschützt werden. Der Sage nach wurde die Felsenkirche als Sühne für einen Brudermord erbaut. Mitte des 11. Jhs. herrschten zwei Brüder über die Burg oberhalb der Kirche. Wyrich und Emich liebten beide das Ritterfräulein Bertha von der Lichtenburg. Sie gab Emich den Vorzug, und als Wyrich das erfuhr, stürzte er – wutentbrannt und geistig verwirrt – seinen Bruder aus dem Fenster und die Felsen hinunter. Jahrelang zog er danach durch die Lande, und nach seiner Heimkehr beichtete er einem Priester sein Verbrechen. Dieser gab ihm als Sühne auf, an der Stelle, an der sein Bruder den Tod gefunden hatte, eine Kirche zu bauen. Wyrich arbeitete lange daran, und am Tag der Einweihung brach er tot vor dem Altar zusammen. Gemeinsam mit seinem Bruder wurde er in der Gruft vor dem Altar beerdigt. Tatsächlich entstand die Kirche wohl aus einer mittelalterlichen Wehranlage. Nachweisen läßt sich der Bau durch Wirich IV. von Daun-Oberstein. Nach einem Felsabsturz 1742 mußten Teile der Kirche erneuert werden. Im Innern der Kirche merkt man bestenfalls an der Quelle, die aus der Wand entspringt, daß man sich innerhalb einer Felswand befindet. Gefesselt wird man zunächst vom kleinen und sehr hohen Innenraum, dann vom * *Altarbild*, einem Meisterwerk im sogenannten „schönen Stil" der Mainzer Schule. Es entstand um 1400; der Künstler ist bis heute unbekannt, man nennt ihn den Meister des Obersteiner Altars. Die Personen auf den Bildern scheinen zu leben: ihre Gesichter und ihre Körper sind ausdrucksvoll. Angst, Verzweiflung, Schmerz, Hoffnung, aber auch Grausamkeit und Freude am Leid anderer – die ganze Palette menschlicher Empfindungen ist hier zu spüren.

Geht man von der Felsenkirche weiter bergauf, so gelangt man zu den Ruinen der *Burg Bosselstein* und des *Schlosses Oberstein*. Von der Burg aus dem 12. Jh., die im 17. Jh. zerstört wurde, stehen nur noch ein Stumpf des Bergfrieds sowie die Grundmauern des Wohngebäudes. Das Schloß – 1320 erbaut und später erweitert – überstand die Zeiten zunächst unbeschadet, brannte dann aber 1856 nieder. Von oben hat man einen guten Blick über das Häusergewirr im engen Tal.

Zwei Museen wetteifern in Idar-Oberstein um die Gunst der Besucher: zum einen das Deutsche Edelsteinmuseum, zum anderen das Museum Idar-Ober-

Idar-Oberstein: Felsenkirche

rd Club Tropics
Schlappschuß
Musikpub
Crazy

stein, das direkt unterhalb der Felsenkirche liegt. Beide Museen zeigen Edelsteine aus aller Welt. Im *Museum Idar-Oberstein* erfährt man aber noch einiges über die Art und Weise der Verarbeitung – es wurde beispielsweise eine alte Wasserschleife eingerichtet – sowie über die Geschichte der Stadt und ihrer Bauwerke. Das *Deutsche Edelsteinmuseum* kann u.a. mit der größten geschliffenen Edelsteinkugel der Welt aufwarten. Ⓒ Museum Idar-Oberstein (Hauptstraße 436) tägl. 9–17.30 Uhr. Das *Deutsche Edelsteinmuseum,* das bis November 1995 in der Edelsteinbörse untergebracht war, wurde verlegt in das Gebäude „Purpurs Schlößchen" in der Hauptstraße. Die Wiedereröffnung ist für Ostern 1996 geplant. ❶ beim Städtischen Verkehrsamt.

3

Seite 71

Wer sich nach soviel Theorie selbst einmal als Sucher und Finder betätigen will, sollte sich auf den Weg zu den Edelsteinminen im Steinkaulenberg machen (Stadtteil Algenrodt, der Weg ist gut ausgeschildert). Der Eugen-Morschhäuser-Stollen ist die einzige Edelsteinmine Europas, die für Besucher zugänglich ist. Eine faszinierende Welt erschließt sich den Gästen. Durch die Dunkelheit funkeln die angestrahlten Achate, Bergkristalle, Amethyste und Rauchquarze – ein märchenhaftes Bild! Neben dem Besucherstollen gibt es einen Erforschungsstollen und einen Schürfstollen. Im Schürfstollen kann man selber nach Steinen suchen, die gefundenen Achate dürfen mitgenommen werden. Ⓒ Mitte März bis Mitte Nov. Besucherstollen tägl. 9–17 Uhr, Erforschungs- und Schürfstollen Mo, Di, Do, Fr, Sa 9–16 Uhr, Anmeldung erforderlich unter ☎ 0 67 81/4 74 00 oder beim Verkehrsamt der Stadt.

Noch ein Tip fürs Mittag- oder Abendessen: Berühmt ist die Gegend um Idar-Oberstein für ihren Spießbraten, der eigentlich ein Schwenkbraten ist. Das in Zwiebeln, Pfeffer, Salz und Knoblauch eingelegte Fleisch wird auf einem schaukelnden Grill über einem offenen Buchenholzfeuer geröstet. Dazu gibt es Hunsrücker Bauernbrot, Kartoffel- und Rettichsalat. Angeblich importierten Idar-Obersteiner Edelsteinsammler aus Brasilien den Spießbraten in ihre Heimat. Die Voraussetzung für das Gericht ist großer Hunger: Eine Fleischportion umfaßt mindestens 350 Gramm.

❶ Städtisches Verkehrsamt, Hauptstraße 213, 55743 Idar-Oberstein, ☎ 0 67 81/64 40, 6 44 21, 6 44 22.

Ⓗ **Zum Schwan,** Hauptstraße 25, 55743 Idar-Oberstein, ☎ 07 81/4 30 81. Im Stadtteil Idar gelegenes, gut ausgestattes Haus mit sehr empfehlenswertem Restaurant. $$
Die **Jugendherberge** liegt im Stadtteil Oberstein, oberhalb des Ortes. Sie ist auf maximal 140 Gäste eingestellt. Jugendherberge, Alte Treibe, 55743 Idar-Oberstein, ☎ 0 67 81/2 43 66.

Ⓡ **Badischer Hof,** Hauptstraße; natürlich gibt es hier Spießbraten, aber auch badische Spezialitäten, dazu recht gute Weinkarte. $$
Zum alten Goten, Hauptstraße 486, bäuerlich-rustikales Restaurant mit ebensolcher Küche (Spießbraten) im ältesten Fachwerkhaus der Stadt (erbaut 1420). $$
Die Möhre, Im Eck. Vollwertimbiß, Vollwertgerichte auch zum Mitnehmen, Gemüsekuchen. $

Von Idar-Oberstein geht es weiter nach

Fischbach, bekannt für sein *Historisches Kupferbergwerk.* Das 1473 erstmals erwähnte Bergwerk war bis Ende des 18. Jhs. in Betrieb. In den vollständig erhaltenen riesigen Hohlräumen wird unter Tage die Art und Weise des mittelalterlichen Kupferbergbaus gezeigt. Wie das Kupfererz früher weiterverarbeitet wurde, sieht man in der Kupferhütte neben dem Bergwerk.

❶ Fischbacher Kupferbergwerk, 55743 Fischbach (Nahe), ☎ 0 67 84/23 04, Führungen ganzjährig tägl. 10–17 Uhr.

Von Fischbach aus sind es nur 7 km bis

* **Herrstein** (950 Einw.), einem mittelalterlichen, schön herausgeputzten

Städtchen, bis 1976 eher unscheinbar. Für die dann erfolgte Restaurierung des historischen Kerns wurde Herrstein mehrfach ausgezeichnet. Es gibt wunderschöne alte Fachwerkhäuser vom 15. bis 18. Jh. sowie Reste einer mittelalterlichen Burg und eine ansehnliche spätgotische Kirche. Ein beschilderter Rundgang führt zu den wichtigsten Punkten des kleinen Ortes. Herrstein wurde vermutlich im 11. Jh. gegründet. Um 1300 entstand die Stadtmauer, 1428 erhielt der Ort Stadtrechte, um 1700 wurde die Stadtbefestigung vom französischen Marschall Turenne geschleift.

Der gotische Uhrturm von Herrstein

Der *Uhrturm* bildet den Eingang zum historischen Ortskern. Das Städtchen wirkt ein wenig wie ein Freilichtmuseum. Die Fachwerkhäuser tragen Schilder mit ihrem Baujahr, man kommt an einem gepflegten Platz mit Brunnen vorbei. Auf der einen Seite steht ein mittelalterlicher Pranger, daneben führt eine steile Treppe hoch zum Schloß und der alten *Kirche*. Die Kirche wurde 1437 erbaut, später umgestaltet. Im Innern sollte man sich die Grabdenkmäler, die mittelalterlichen Tafelbilder, die erst 1959 freigelegt wurden, und die Stumm-Orgel ansehen. Der *Schinderhannesturm* ist leicht an seiner spitzen Haube zu erkennen. Hier saß der berühmte Räuberhauptmann im Verlies ein. Etwas abseits des kleinen Rundgangs und außerhalb der alten Stadtmauern liegt der alte Friedhof der Stadt. Er wurde vermutlich in der ersten Hälfte des 19. Jhs. angelegt und bis etwa 1930 als Grabstätte benutzt. Ein Grabstein von 1892 trägt die Inschrift: „Sturmzerknickt sinkt sie zur Erde nieder, die Frühlingsblume, von treuer Hand gepflegt. So sank mein Sohn, des Jünglings zarte Glieder hat man hier nun ins öde Grab gelegt."

Fachwerkbau ist in Herrstein weit verbreitet

In der Herrsteiner Stadtpfarrkirche

ℹ Tourist-Information, Brühlstraße 16, 55756 Herrstein, ☏ 0 67 85/7 91 03. Von Mai–Okt. finden Do um 16.30 Uhr

3

Seite 71

und Sa um 14.30 am Uhrturm Führungen durch den historischen Ortskern statt. Für Gruppen zusätzlich nach Vereinbarung.

Ⓡ **Café in der Zehntscheune,** Schloßweg 13, ☏ 0 67 85/16 58. Hier sitzt man gemütlich in einer restaurierten Scheune; Getränke, Kuchen und diverse Kleinigkeiten, größere Gerichte (z. B. Spießbraten) auf Vorbestellung. Ⓢ

Seite 71

Von Herrstein aus in Richtung Kempfeld auf der Deutschen Edelsteinstraße empfiehlt sich ein kurzer Abstecher zur *Historischen Wasserschleife Biehl.* In dem kleinen, seit 200 Jahren in Familienbesitz befindlichen Betrieb können Sie dem Meister beim Schleifen der Edelsteine zusehen. 🕓 tägl. 9–18 Uhr.

Edelsteinschliff per Wasserkraft wurde in früheren Jahrhunderten häufig betrieben. Entlang des Idarbaches und der Nahe sowie ihrer Nebenflüsse gab es unzählige Schleifereien. Die Arbeit war hart: Über ein Wasserrad wurden die Schleifsteine angetrieben, der Edelsteinschleifer lag bäuchlings auf einem Hocker und hielt das zu bearbeitende Stück Achat vor den Schleifstein, ungeschützt vor dem feinen Steinstaub, der in Mund und Lunge eindrang. Die meisten Wasserschleifereien wurden im 19. Jh. abgerissen und durch moderne elektrische Schleifereien ersetzt.

⚠ Unweit der Wasserschleife an der Edelsteinstraße liegt der **Campingplatz Harfenmühle**, 55758 Asbacherhütte, ☏ 0 67 86/70 76, idyllisch und ruhig im Grünen; von hier kann man schöne Ausflüge machen. Tennisplatz, Naturschwimmbad, Restaurant.

Von Herrstein aus geht es weiter über Breitenthal und Wickenrodt nach

Bundenbach. Der kleine Ort besitzt in seiner Umgebung einige große Sehenswürdigkeiten. In der *Schiefergrube Herrenberg* wird Erdgeschichte erlebbar. Vor etwa 400 Millionen Jahren war die Gegend um Bundenbach noch Meeresboden gewesen. Eine vielfältige Tierwelt lebte damals bereits – lange vor den ersten Menschen. Heute noch kann man im Besucherbergwerk die Spuren dieser Tierwelt entdecken, denn Seesterne, Seelilien, verschiedene Krebstiere und urtümliche Fische sind als Versteinerungen im Schiefer erhalten. 🕓 April–Okt. tägl. 10–13, 14–17 Uhr.

Die „zweitältesten“ Spuren bei Bundenbach hinterließen die Kelten. Sie bewohnten 170–50 v. Chr. die *Altburg* gegenüber der Ruine der Schmidtburg. Zunächst zur Altburg, die heute ein Freilichtmuseum ist: Die keltische Kleinburg lag auf einem Bergsporn, der von einer Mauer gesichert wurde. Die Trockenmauern waren Holzkonstruk-

Schinderhannes

Den am 25. Mai 1783 geborenen Johannes Bückler konnte nichts schrekken. Sein Vater war Abdecker gewesen, er selbst wurde in jungen Jahren Gehilfe des Scharfrichters. Sehr früh entwikkelte er sich zu einem der gefürchtetsten Straßenräuber in deutschen Landen. Sein Unwesen trieb er vorwiegend in Hunsrück und Taunus; lange Zeit war die Schmidtburg bei Bundenbach eines seiner wichtigsten Verstecke. Dabei konnte der „Schinderhannes“, wie er genannt wurde, bei seinen Beutezügen oft auf die Mithilfe der Einheimischen zählen, denn viele sahen in ihm einen Rebellen gegen die Obrigkeit, eine Art deutschen Robin Hood. Dennoch entkam er seiner Strafe nicht: Er wurde gemeinsam mit 19 Spießgesellen gefangengenommen, dann zum Tode verurteilt und am 21. November 1803 in Mainz hingerichtet. Bekannt ist er heute durch das gleichnamige Schauspiel von Carl Zuckmayer, das mit Curd Jürgens und Maria Schell in den Hauptrollen auch verfilmt wurde.

tionen, mit Erdreich und Schieferbruch gefüllt. Dieser Bauart fiel die Siedlung vermutlich auch zum Opfer: Brannten die Mauern einmal, waren sie nicht wieder zu löschen, denn der ölhaltige Schiefer verkohlte schnell. Die heutigen Gebäude sind Rekonstruktionen. ⌚ April–Okt. tägl. 10–13, 14–17 Uhr.

Die *Schmidtburg* ist die älteste Burg im Nahe- und Hunsrückraum und geht bis auf das Jahr 926 zurück. Nach ihrer Sprengung durch französische Truppen 1688 verlor sie ihre Bedeutung. Jahrzehntelang war die Schmidtburg eine verwunschene Ruine im Wald. Erst in den achtziger Jahren wurde sie freigelegt und gesichert und kann seither besichtigt werden. Zu sehen sind Teile der imposanten Oberburg mit den Wohngebäuden.

Ⓗ Ⓡ **Forellenhof Reinhardsmühle,** 55626 Budenbach, ☎ 0 65 44/3 73. Die Mühle im Hahnenbachtal wurde zum luxuriösen Hotel umgebaut. Besonders gerühmt wird das Restaurant: Die frischen Forellen kommen aus dem eigenen Weiher, dazu gibt es andere Köstlichkeiten feiner Küche. $$$

Das nahe bei Bundenbach gelegenen

Rhaunen bildet die letzte Station der Route. Rhaunen ist ein Muß für Orgelfreunde, denn in Sulzbach, das zu Rhaunen gehört, kam 1683 Johann Michael Stumm zur Welt. Er begründete eine Dynastie von Orgelbauern, deren Meisterwerke überall im Hunsrückraum, aber auch in Koblenz, Saarbrükken und Frankfurt zu finden sind. In der Kirche von Rhaunen befindet sich das erste Werk der Stumm-Familie. Der Stumm-Orgelverein Rhaunen bietet das ganze Jahr über Veranstaltungen und Konzerte an; als Besonderheit aber auch sog. Orgelwanderungen. Von Kirche zu Kirche, von Orgel zu Orgel geht es quer durch den Hunsrück (ℹ Stumm-Orgelverein Rhaunen-Sulzbach, ☎ 0 65 44/ 13 30). Durch den Idarwald geht es zurück zur Hunsrückhöhenstraße und über die B 50 nach Bernkastel Kues.

Wohnhäuser der Keltensiedlung Altburg

In der Schiefergrube von Herrenberg

Der „Schinderhannes" im Gefängnis

3

Seite 71

Route 4

Weiter entlang der Moselschleifen

****Bernkastel-Kues – Piesport – Neumagen-Dhron – Trittenheim – Klüsserath – Detzem – Schweich – Trier-Pfalzel – **Trier (61 km)**

4

Seite 79

Kapriziöse Moselschleifen begleiten auch hier den Weg. Zwar waren die Spuren der Römer schon bei den bisherigen Routen unübersehbar, aber auf dieser Strecke beginnt die Römerzeit an der Mosel erst richtig. Schließlich folgt die Route einer alten Handelsstraße, und je mehr sie sich Trier nähert, desto zahlreicher werden die Spuren der Antike.

Trier war eine der größten Städte des Römischen Reiches. Viele wohlhabende Kaufleute und Händler siedelten sich in der Umgebung an, denn schließlich mußte die Großstadt auch versorgt werden. So wurde in Neumagen-Dhron das berühmte Weinschiff (s. S. 82) gefunden. Wer Moselromantik sucht, kommt voll auf seine Kosten, schließlich säumen berühmte Weinorte wie Trittenheim und Piesport den Fluß. Hier verlief einst auch die Hauptstrecke des „Saufbähnchens" (s. S. 26).

****Bernkastel-Kues** (7200 Einw.) wird allgemein als Herz der Mittelmosel gepriesen. Da ist etwas dran; die Stadt ist ein Schmuckstück, zugleich aber auch ein betriebsamer Touristenort. Kein Besucher der Mittelmosel läßt Bernkastel-Kues aus, und so herrscht in der Saison ein dichtes Gedränge in den Straßen. Alle Ausflugsdampfer legen hier an, und auch die Parkplätze an der Mosel werden knapp. Das Weinfest von Bernkastel-Kues ist besonders beliebt, es findet meist im Aug./Sept. statt.

Der Doppelort liegt an einer Moselschleife; auf dem linken Moselufer, im Innern der Schleife, liegt Kues, auf dem rechten Bernkastel. Die meisten Besucher beginnen ihren Rundgang in Bernkastel, nahezu magisch angezogen vom **Marktplatz*. Das wundert nicht, ist er doch mit den bunten Fachwerkhäusern samt deren prächtig verzierten Giebeln und dem Michaelsbrunnen mit seinem schmiedeeisernen Gitter (1606) der schönste im gesamten Moseltal. Besonders gern fotografiert wird der mittelalterliche Pranger. Versäumen Sie beim Bummel durch die Gassen nicht das *Spitzhäuschen* in der Karlstraße. Sein Untergeschoß ist geradezu lächerlich schmal; das Obergeschoß hängt nach drei Seiten über und scheint das Parterre mit seinem Gewicht fast in den Boden zu drücken.

Nahe dem Moselufer steht die *Pfarrkirche St. Michael*, die im 14. Jh. gebaut wurde. Ihr aus Bruchstein gemauerter Turm mit einem vom acht Türmchen umkränzten, sehr spitz aufragenden Helm ist älter. Er gehörte ursprünglich gar nicht zur Kirche, sondern zur Stadtbefestigung (13. Jh.), die aber 1689 von Franzosen zerstört wurde. Übrig blieben lediglich der Kirchturm und das Graacher Tor.

Auf alten Stichen ist gut zu sehen, wie der heutige Kirchturm, damals als Wachturm, die Stadt überragte. In der *Kirche* gibt es einige Kunstwerke zu bestaunen. Kunsthistoriker rühmen die Kreuzigungsgruppe über dem Hochaltar, den spätbarocken Marienaltar, ein gotisches Sakramenthäuschen sowie den Heilig-Grab-Altar (1606). Das älteste Kunstwerk der Kirche ist das Grabmal des Burggrafen Reiner, das von 1372 stammt. Es steht neben dem im südlichen Seitenschiff aufgestellten Nikolausaltar. Der hat eine interessante Geschichte. Er stammt von 1750, war aber nicht der erste Nikolausaltar in der Kirche. Bereits 1403 gab es einen, denn der heilige Nikolaus ist unter anderem der Schutzpatron für die Böttcher und Faßbinder. Beachten Sie die drei Figuren oberhalb des Nikolaus; es handelt sich um den heiligen Franziskus Xaverius (1506–1552), der Mitbegründer des Jesuitenordens und einer der wichtigsten Missionare in Asien war, umrahmt von zwei Betenden, einem Indianer und einem Schwarzen. Diese drei Figuren wurden später hinzugefügt, und zwar 1753 im Auftrag der Mutter des Jesuitenpaters Franz Anton Meisterburg. Meisterburg war 1750 als Missionar zur Amazonasmündung aufgebrochen, er leitete dort eine Missionsstation. 1757 wurde er, nachdem die Jesuitenmissionen in Südamerika aufgelöst worden waren, als Gefangener nach Portugal deportiert. 1762 bis 1777 saß er im Verlies einer Festung an der Mündung des Tejo. Von dort kehrte er nach Bernkastel zurück.

Zur *Burgruine Landshut,* die Bernkastel überragt, führen verschiedene Wege, der bequemste per zwanzigminütiger Autofahrt, der schönste per Wanderung. Vom Omnibusparkplatz fährt in den Sommermonaten auch täglich zur vollen Stunde ein Pendelbus zur Ruine hoch. Unterwegs ergeben sich schon schöne Ausblicke auf das Moseltal, aber von oben, besonders vom 30 m hohen Bergfried, ist der Blick über den

Einen romantischen Anblick bietet Bernkastel-Kues

Das „Spitzhäuschen" in Bernkastel

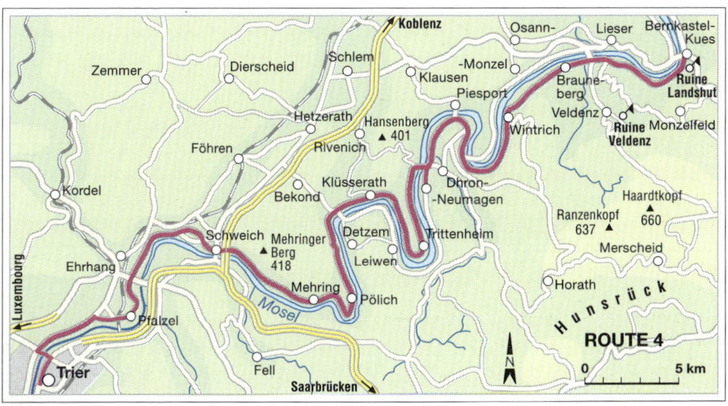

Fluß überwältigend. Die Burg gab Bernkastel den Namen, soviel ist sicher, unklar ist jedoch, welche der drei Theorien, die es über den Stadtnamen gibt, die richtige ist. Stammt Bernkastel vom lateinischen Primacastellum ab, so wie eine Urkunde im 7. Jh. die Festung nannte? Oder hat Bernkastel etwas mit einem Bären zu tun, dem Wappentier des Adelbero von Luxemburg? Einen Bären gibt es jedenfalls im Stadtwappen. Auch die dritte Theorie setzt auf Adelbero von Luxemburg. Der baute im 10. Jh. eine Burg auf diesem Hügel (die aus dem 7. Jh. war längst zerstört). Beros Burg, „Beros Kastell", wurde möglicherweise der Namensgeber der Stadt. Sicher war das Kastell der Ursprungsbau der heutigen Ruine. Erzbischof Beomund II. machte im 13. Jh. das spätere Schloß zu seiner bevorzugten Sommerresidenz. Als er dort einmal lebensgefährlich erkrankte und keine Medizin half, wurde ihm Wein gebracht. Beomund trank und wurde gesund, er nannte den Wein daraufhin seinen „Bernkasteler Doctor". Seitdem hat diese berühmte Lage ihren Namen.

Seite 79

Nicolaus Cusanus

Ein verlorener Erbschaftsprozeß war vermutlich der Grund dafür, daß aus dem Fischer- und Winzersohn Nicolaus Chrypffs (= Krebs) kein mittelmäßiger Rechtsanwalt wurde, sondern einer der bekanntesten und wichtigsten deutschen Philosophen auf der Schwelle vom Mittelalter zur frühen Neuzeit.

Nikolaus von Kues – oder Nicolaus Cusanus, wie er sich latinisiert nach seinem Heimatort nannte – wurde 1401 in Kues geboren. Er verließ mit 12 Jahren sein Elternhaus, wurde in einer Klosterschule erzogen und studierte ab 1416 Kirchenrecht in Heidelberg und Padua. 1424 ließ er sich in Mainz als Anwalt nieder, fand aber in dieser Tätigkeit keine Erfüllung und ging kurz darauf zum Studium der Theologie nach Köln. Dort fiel er erstmals öffentlich auf: Er entlarvte eine angebliche Urkunde Konstantins des Großen (280–337), die „Konstantinische Schenkung", in der dem Papst die Herrschaft über Rom und alle abendländischen Provinzen zugesprochen wurde, als Fälschung aus dem 8. Jh. Nach der Priesterweihe 1426 kam Nicolaus zunächst nach Trier, anschließend wurde er Leiter des Stifts St. Florin in Koblenz. Der Posten war gut dotiert, und so konnte Nikolaus den Grundstock für die spätere Stiftung eines Hospitals und Altersheims in seinem Geburtsort legen.

Ab 1432 begann seine Karriere in der Kirchenhierarchie. Er ging als Vertreter des Trierer Erzbischofs zum Konzil nach Basel, vertrat dort anfangs explizit die Haltung der Bischöfe im Konflikt mit dem Papst, um wenig später jedoch in allen wichtigen Fragen die Position des Papstes zu übernehmen. Sein Aufstieg war unaufhaltsam: 1448 wurde er Kardinal, 1450 Fürstbischof von Brixen und 1458 Generalvikar in Rom. 1464 starb er in Todi/Umbrien. Nikolaus von Kues betätigte sich nie offiziell als Lehrer, sondern entwickelte seine Theorien unabhängig von seinen kirchlichen Aufgaben. Er führte medizinische Experimente durch und betrieb mathematisch-naturwissenschaftliche Studien. Sein wichtigster Beitrag lag jedoch auf dem Gebiet der Philosophie. Er war einer der ersten deutschen Humanisten, die den Kosmos als unendlich und die Erde nicht als dessen Mittelpunkt betrachteten. Nikolaus postulierte die Aufhebung der Gegensätze (Coincidentia oppositorum – Zusammenfall der Gegensätze) in der Unendlichkeit, die gleichbedeutend sei mit Gott. In Gott seien folglich alle Gegensätze versöhnt. Diese Vorstellung findet sich auch in der neuzeitlichen Theologie.

Beomunds Festung überstand jahrhundertelang alle Belagerungen, brannte aber 1692 mitten im Frieden ab.

Die Burgruine Landshut über Bernkastel

Bernkastel ist mit dem am linken Ufer der Mosel liegenden Stadtteil Kues durch eine 219 m lange Brücke verbunden. Seit 1905 bilden die beiden Orte eine Stadt. Kues ist älter als Bernkastel, es wurde 1037 erstmalig urkundlich erwähnt. Hier wurde 1962 das erste moselländische Steinzeitdorf (4000 bis 3000 v. Chr.) ausgegraben. Aber nicht das hat Kues weltbekannt gemacht, sondern einer der berühmtesten Moselaner überhaupt. Den Gewohnheiten seiner Zeit folgend führte er seinen Heimatort im Namen: Nicolaus Cusanus oder Nikolaus von Kues. Nicolaus Cusanus stiftete seinem Geburtsort unter Mithilfe des Eigentums der Eltern und der kinderlosen Geschwister das ***St.-Nikolaus-Hospital.* Es diente als Krankenhaus und als Altersheim für 33 – entsprechend der vermutlichen Anzahl der Lebensjahre Christi – mittellose Männer im Alter von über 50 Jahren. Seit mehr als 500 Jahren bestehen Hospital und Altersheim schon. Heute fließt das Geld vorwiegend aus dem Erlös der Weinberge, die zur Stiftung gehören.

Das Altersheim und Hospital St. Nikolaus

Der Gebäudekomplex kann besichtigt werden, und er lohnt auch eine nähere Betrachtung (🕓 16. April–31. Okt. 10–17, 1. Nov.–15. April 14–17 Uhr). Die Bibliothek ist prächtig anzusehen, nicht nur wegen der kostbaren Bücher – das älteste stammt aus dem 9. Jh. –, sondern auch wegen der stimmungsvollen Architektur. Dort sind auch die astronomischen Geräte ausgestellt, mit denen Nicolaus Cusanus seine Berechnungen durchführte. Kunsthistorisch wichtigster Teil ist die Kapelle des Hospitals. Beachten Sie den dreiflügeligen Altar: Er wurde vom berühmten anonymen „Meister des Marienbildes“ aus Köln gemalt. Cusanus gab ihn selbst in Auftrag, das Bildnis erinnert

Altarbild: Nikolaus und Johannes von Cues

4

Seite 79

auch an den Gelehrten. Am Kreuz hält sich Maria Magdalena fest; sie sieht aus wie Nikolaus' Schwester Klara. Zwei Kniende stellen den Stifter selbst und seinen Bruder Johannes dar, der damals Pfarrer in Bernkastel war. Das kleine Wappenschild mit dem Krebs vor ihnen weist deutlich darauf hin – Krebs war der ursprüngliche Name der Familie. Unter der Grabplatte im Chor der Kapelle wurde das Herz von Nicolaus Cusanus begraben. Wer mehr über ihn erfahren möchte, sollte die Ausstellung im Geburtshaus des großen Moselaners (Nikolausufer 49) besuchen. ⌚ 16. April–31. Okt. Di–Sa 10–12, 14.30 –17, So 10–12 Uhr; 1. Nov.–15. April Di–Sa 14.30–17, So 10–12 Uhr.

4

Im Gebäude des Altenstifts ist auch das *Moselweinmuseum* untergebracht. Dort finden Sie eine didaktisch hervorragend aufgemachte Ausstellung zum Weinbau. Natürlich wird das Wissen nicht trocken serviert, Weinproben sind an der Tagesordnung. ⌚ 16. April bis 31. Okt. 10–17, sonst 14–17 Uhr.

Seite 79

ℹ Tourist-Information, Städtisches Verkehrsbüro, Gestade 5, 54470 Bernkastel-Kues, ☎ 0 65 31/40 23.

Ⓗ **Zur Post,** Gestade 17, 54470 Bernkastel-Kues, ☎ 0 65 31/20 22, FAX 29 27. Eines der besten Hotels der Stadt, mit sehr guter Küche, eigener Weinstube (Weinprobe möglich) und Spezialitätenrestaurant. $))
Hotel garni Carola, Birkenweg 3, 54470 Bernkastel-Kues, ☎ 0 65 31/ 40 45. Außerhalb des Zentrums, aber günstig gelegen, nahe bei Kurwald und Schwimmbad, große Liegewiese, Sonnenterrasse, Teeküche, behindertengerecht. $)
Die **Jugendherberge** liegt oberhalb der Burgruine Landshut im Stadtteil Bernkastel mit Blick auf das Moseltal. Sie hat 96 Betten und auch 5 Familienzimmer. Jugendherberge Bernkastel-Kues, Jugendherbergsstraße 1, 54470 Bernkastel-Kues, ☎ 0 65 31/23 95.

Ⓡ **Ratskeller,** Am Markt 30, 54470 Bernkastel-Kues, ☎ 0 65 31/73 29. Die gute Stube der Stadt. Direkt am Markt werden im historischen Gewölbe unter dem alten Rathaus regionale Spezialitäten serviert, dazu auch Weine aus eigenem Anbau. $)
Gutsausschank Dr. Wilkomm, Gestade 1 b, 54470 Bernkastel-Kues, ☎ 0 65 31/38 85. Deftige moselländische Küche, dazu verschiedene Weine von Mosel (eigener Anbau), Saar und Ruwer in altem Kellergewölbe. Auch gute hausgebrannte Obstschnäpse. ⌚ an den Wochenenden von Ostern bis 31. Oktober sowie nach Rücksprache.

Von Bernkastel-Kues geht es die Bundesstraße 53 entlang weiter flußaufwärts. Auf der anderen Moselseite liegt das Dorf *Lieser*, das im 16. und 17. Jh. eine Zwischenstation auf dem Postweg von Brüssel nach Wien war. Vorbei an Brauneberg und Wintrich ist bald der bekannte Weinort *Piesport* erreicht. Zumindest kurz aussteigen sollte man, den Moselhang hinaufgehen, den Blick über das Tal genießen und in der Lage des Piesporter Goldtröpfchens eines der interessantesten kulturhistorischen Denkmäler ansehen: Hier wurde 1985 die größte römische Kelteranlage nördlich der Alpen freigelegt. Inzwischen ist sie fachmännisch restauriert. Piesport war schon zur Römerzeit besiedelt, und so waren römische Funde früher in den Piesporter Weinlage nicht selten. Viele Stücke sind im Landesmuseum in Trier ausgestellt, darunter auch das Diatretglas (s. S. 42). – Die meisten römische Funde machte man aber 1877 und in den darauffolgenden Jahren im benachbarten

Neumagen-Dhron. Beim Ausschachten eines Fundaments stießen Arbeiter auf große Steinquader. Der Direktor des damals gerade gegründeten Trierer Landesmuseums kam, staunte und ließ weitergraben: Nach jahrelangen Grabungen hatte man am Ende 3700 Zentner römische Fundstücke freigelegt. Und man hatte auch herausgefunden, was da eigentlich verborgen gewesen war: Die Grundmauern eines römischen Kastells mit 14 Türmen, das größer als ein Fußballfeld gewesen war und aus dem 3. Jh. stammte. Kaiser Konstantin hatte es anlegen lassen, um die Handelsstraße von Trier nach Mainz und den Weinhandelsort selbst zu schützen. Denn daß Neumagen älter als das Kastell ist, konnte ebenfalls bewiesen werden; die römischen Soldaten nutzten beim Festungsbau aus Materialmangel die Grabsteine und Steinaltäre dieser Römersiedlung als Baustoff.

Die meisten Funde stehen heute im Landesmuseum in Trier (s. S. 42), in Neumagen sind aber gute Reproduktionen zu sehen. So auch das berühmte * *Neumagener Weinschiff*, das Grabmal eines Weinhändlers. Es ist die etwa 3 m lange Nachbildung eines Kriegs- und Frachtschiffs. Seine Besatzung besteht aus 16 Personen. Zwei sitzen im Bug und halten Weinfässer, zwei im Heck mit Steuer und Bootshaken, und zwölf rudern. Das Weinschiff war vermutlich der Abschluß eines etwa 8 m hohen Grabdenkmals. An der Römerstraße (wo sonst?) in Neumagen befindet sich auch das *Heimatmuseum*, in dem ebenfalls Abgüsse römischer Funde ausgestellt sind. ⏲ täglich 9–12, 14–17 Uhr.

ⓘ Tourist-Information, Hinterburg 8, 54347 Neumagen-Dhron, ☏ 0 65 07/65 55, 📠 65 50.

Bei Neumagen geht der Weg auf der linken Flußseite weiter. Mit einem schönen Blick auf Neumagen verabschieden Sie sich von dem alten Römerort und erreichen bald Trittenheim, ebenfalls eine römische Gründung.

Trittenheim ist dank seiner Lage an der Moselschleife inmitten der Weinberge als Weinort beliebt. Dem Ort gegenüber steigen steil die Schieferfelsen empor, deren enge Terrassen nur mit viel Mühe für den Weinbau genutzt werden können. Trittenheimer Altärchen heißt diese Lage, sie gehört zu den bekanntesten an der Mosel.

Bernkastel: Moselweinmuseum

Die Doktor-Weinstube in Bernkastel

Neumagen: Reproduktion des Weinschiffs

4
Seite 79

Johannes Trithemius

Am 1. Februar 1462 bekam die Winzerfamilie Zeller in Trittenheim Zuwachs. Der Sohn wurde Johannes getauft, nannte sich aber den Gepflogenheiten der Zeit folgend nach dem lateinischen Namen seines Heimatortes: Trithemius.

Mit 21 Jahren trat er in das Benediktinerkloster Sponheim ein, wo ihn seine Mitbrüder nach nur einem Jahr bereits zum Abt wählten – eine steile Karriere! Dennoch war er vielen Mönchen und auch dem Volk unheimlich, denn er beschäftigte sich mit Mathematik, mit den Naturwissenschaften und auch mit den Grenzbereichen der menschlichen Erkenntnis. Für damalige Zeiten besaß er ein ganz außergewöhnliches Wissen; kein Wunder, daß ihn viele für einen Magier hielten. So kam es zu Streitigkeiten mit den Mitbrüdern. 1505 legte Trithemius sein Amt nieder. Er ging zunächst zu Kurfürst Joachim I. von Brandenburg nach Berlin, um diesem Sprachen- und naturwissenschaftlichen Unterricht zu erteilen, später dann nach Würzburg, wo er Abt des Schottenklosters wurde. Die meiste Zeit sehnte er sich aber an die Mosel zurück. Dem Prior der Abtei St. Matthias in Trier schrieb er: „Die Fremde habe ich zu verherrlichen gesucht, aber kein Königreich, keine Provinz, keine Stadt mehr als meine uralte Heimat, das Moselland, das sich einst Herrin und Haupt zu sein rühmte aller Völker Europas."

Johannes Trithemius starb 1616 in Würzburg. Dort liegt er auch in der Neumünsterkirche begraben; seine Grabplatte gestaltete Tilman Riemenschneider. Trithemius wurde als Universalgelehrter bekannt, seine Abhandlungen zu wissenschaftlichen Themen umfassen etwa 80 Bände.

4

Seite 79

Noch steiler ist allerdings die Lage des flußaufwärts liegenden Trittenheimer Felsenkopfes. Einen guten Blick über den Ort hat man von der Zummethöhe, die vom Zentrum aus leicht zu erreichen ist. Man fährt über die Brücke, dahinter steigt die Straße schnell an. Auf der Höhe gibt es ein Ausflugsrestaurant, von dessen Terrasse man bei Kaffee und Kuchen den Ausblick auf die Mosel genießen kann. Fährt man die Straße weiter in Richtung Hunsrück, so gelangt man hinter der Höhe in das Tal der Kleinen Dhron. Flußaufwärts liegt die schöne Dhrontalsperre, an der auch das Geburtshaus des Schriftstellers Stefan Andres (s. S. 18) steht.

ⓘ Fremdenverkehrsamt, Moselweinstr. 55, 54349 Trittenheim, ☎ 0 65 07/22 27, FAX 67 37.

Ⓗ Trittenheim ist einer der typischen Mosel-Ferienorte mit wenigen Hotels, aber vielen Privatzimmern. Das beste Hotel des Ortes ist das **Hotel-Restaurant Moselperle** (Hallenbad, Liegewiese). Moselweinstr. 24, 54349 Trittenheim, ☎ 0 65 07/22 21, FAX 67 37. $$

Ⓡ Gutes Essen zu vernünftigen Preisen, dazu eine hervorragende Weinkarte finden Sie im **Restaurant Laurentiusstuben**, Moselweinstraße 8, ☎ 0 65 07/22 09 (Mi geschlossen), $$. Auch einige Fremdenzimmer, $.

Klüsserath ist nächster Haltepunkt auf der linken Moselseite. Der kleine Ort ist ein klassisches Straßendorf, langgezogen mit ausgedehnter Moselpromenade. „So lang wie Klüsserath" war früher an der Mosel ein beliebter Ausspruch, ging es um große Strecken. Interessant ist ein Besuch der alten *Wasserburg*, deren Gewölbe als Weinkeller genutzt wird. Nahebei finden sich Dorfbrunnen und Gerichtslinde. Zwei heute in den Stamm eingewachsene Eisenringe dienten dazu, die Angeklagten bei der Gerichtsverhandlung anzuketten.

Ⓡ **Zum Anker,** Dammstr. 79, 54340 Klüsserath, ☏ 0 65 07/45 19. Familiäres Restaurant, Rind- und Schweinefleisch stammen aus eigener Zucht und Schlachtung (keine Massentierhaltung!). Ⓢ

Gepflegte Architektur: Portal in Neumagen-Dhron

Auf der linken Moselseite gelangt man zur letzten großen Schleife vor Trier. Bei Pölich und Mehring macht der Fluß einen Knick. *Mehring* mußte wegen der Staustufen der Mosel umgebaut werden. Die Moselfront wurde 3 m nach oben verlegt; rein optisch hat es ihr nicht geschadet. Dabei wurden 73 Gebäude abgebrochen, die schönsten 62 aber wiederaufgebaut Kosten: 9,5 Mio. Mark). – Bei Trittenheim gab es bereits Gelegenheit, das Geburtshaus von Stefan Andres besichtigen; in

Neumagener Römerfunde: hier eine Schulszene

Schweich (6000 Einw.) verbrachte der bekannteste Schriftsteller aus dem Moselland seine Kindheit. Die Stadt ehrte ihn mit einem monumentalen Brunnen, der vielleicht doch etwas zu groß geraten ist. 52 x 34 m beträgt die Grundfläche der Wasserspiele! Aus ihr ragt eine Basaltlava-Bronze-Säule 6 m empor. Sie ist verziert mit Szenen aus „Der Knabe im Brunnen", benannt nach einem der erfolgreichsten Romane (1953) von Andres (s. S. 18). Gegenüber von Schweich auf dem anderen Moselufer liegt das Autobahndreieck Moseltal; der Weg führt unter der A 1 hindurch, dann ist das Trierer Stadtgebiet erreicht. Statt der Durchfahrt ins Zentrum bietet sich aber noch ein kurzer Aufenthalt in *Trier-Pfalzel* an: Spazieren Sie an der Moselfront entlang, dort gibt es einige sehenswerte alte Gebäude wie das alte Stiftsgelände, das auf den Mauern eines römischen Palastes steht. Vom 7. Jh. bis 1802 waren hier Benediktinerinnen untergebracht. Auf der gegenüberliegenden Flußseite mündet die Ruwer in die Mosel. Wer vor den letzten 5 km bis zum Trierer Stadtzentrum noch eine Pause braucht, kann in der *Klosterschenke* einkehren.

Auch in Neumagen-Dhron gibt es viele guterhaltene alte Häuser

4
Seite 79

Route 5

An Mosel, Saar und Ruwer

****Trier – Igel – Oberbillig – Perl-Nennig – Mettlach – *Saarburg – Hermeskeil – Hinzert – Waldrach – Ruwertal – Trier (161 km)**

Von Trier bis zur deutsch-französisch-luxemburgischen Grenze sind es nur noch wenige Kilometer. Bereits bei Oberbillig ist die Grenze nach Luxemburg erreicht, dort kann man per Fähre zum luxemburgischen Wasserbillig übersetzen. Ab hier bildet die Mosel die Grenze zwischen Deutschland und Luxemburg. Westlichster Punkt der Tour de Moselle ist Perl, der Ort im Dreiländereck Deutschland, Luxemburg und Frankreich, berühmt durch die Römische Villa im Ortsteil Nennig. Bis zur Moselquelle in Lothringen sind es von hier aus noch etwa 320 km. Zu einer „anständigen" Moseltour gehören auch Besuche von Saar und Ruwer, den kleineren Schwestern der Mosel. Schließlich bilden diese Flüsse den berühmten Weindreiklang Mosel-Saar-Ruwer. Bei Mettlach trifft die Route auf die Saar, den größten Nebenfluß der Mosel, die sich gleich mit einer Kapriole vorstellt: Für eine Strecke von knapp einem Kilometer Luftlinie braucht sie, dank ihrer Riesenschleife, glatte fünf.

Bis Saarburg folgt der Weg dem Fluß, von dort geht es über die berühmte Hunsrückhöhenstraße bis Hermeskeil, ehe er sich dem Lauf der Ruwer entlang wieder Trier nähert.

5

Seite 87

Noch vor Beginn der eigentlichen Route empfiehlt sich ein Abstecher von Trier nach

Konz (1700 Einw.). Der Ort lohnt in verschiedener Hinsicht einen Ausflug: zum einen wegen wegen der kunsthistorisch bedeutenden barocken Kartause, die eher wie ein Schloß aussieht, und des schönen Blicks über den Zusammenfluß von Mosel und Saar, zum anderen ganz besonders wegen des vor der Stadt liegenden Volkskunde- und Freilichtmuseums *Roscheider Hof*. Dieser war ein ehemaliges Hofgut von Trierer Benediktinern und wurde bereits 1330 erstmalig urkundlich erwähnt. Unterhalb des Hofes wurde aus alten, mit Originalgegenständen eingerichteten Gebäuden ein typischer Weiler angelegt. Im Hof befindet sich ein kleiner Laden, dessen Einrichtung aus verschiedenen alten Geschäften zusammengesetzt wurde. Der Laden besitzt zwei Neuerungen, die im Hunsrück erst seit 1920 selbstverständlich sind: elektrisches Licht und Telefon. Das Thema Weinbau kommt natürlich auch nicht zu kurz: Die Ausstellung dokumentiert alles Wissenswerte vom Anpflanzen der Reben bis hin zum Versand der Weinflaschen. Mit Hilfe von traditionellem Werkzeug und anhand von kleinen Modellen wird die Arbeit des Winzers veranschaulicht. 🕓 Mo–Fr 9–17, Sa, So 10–18 Uhr.

Zurück zur eigentlichen Route: Auf dem linken Moselufer erreicht man von Trier aus schnell den kleinen Ort

Igel. Dort steht mitten im Ort eines der wichtigsten und schönsten Zeugnisse der Römerzeit an der Mosel. Sage und schreibe fast 23 m hoch ist der Obelisk, die sogenante ***Igeler Säule,* den die Gebrüder Lucius Secundinius Aventinus und Lucius Secundinius Securus zu Beginn des 3. Jhs. als Denkmal für sich selbst und die verstorbenen Mitglieder ihrer Familie aufstellen ließen. Allerdings war das Standbild kein Grabdenkmal, denn Tote wurden hier nicht bestattet. Die beiden Brüder waren erfolgreiche Kaufleute; die Säule zeigt Szenen aus ihrem Leben. Man sieht mit Tuchballen beladene Schiffe, Pächter, die ihre Abgaben entrichten, Festvorbereitungen – ein Sammelsurium von Alltagsszenen und Bildern aus der antiken Mythologie. Ihren Erhalt verdankt die Säule dem Relief auf der Vorderfront. Es zeigt eine Familienszene, wurde im Mittelalter aber als die Vermählung der Kaiserin Helena, der Mutter Konstantins des Großen, mit Constantinus Chlorus fehlinterpretiert. Weil Helena als Heilige verehrt wurde, sah man die Grabsäule als christliches Denkmal an, und so teilte diese das Schicksal vieler anderer römischer Bauten nicht, die abgerissen und deren Steine als Baumaterial weitergenutzt wurden.

Sechs Kilometer hinter Igel ist die deutsch-luxemburgische Grenze erreicht. Sie wird im Norden von der Sauer gebildet, im Süden von der Mosel. Aber seit dem Schengener Abkommen gibt es keine Ausweiskontrollen mehr; ungehindert gelangt man ins luxemburgische *Wasserbillig*. Gegenüber liegt *Oberbillig*, der zweite Teil der Gemeinde, die zwar durch den Fluß getrennt, aber politisch jahrhundertelang

Konz: Die Kartause

Alte Kücheneinrichtung im Volkskundemuseum Roscheider Hof

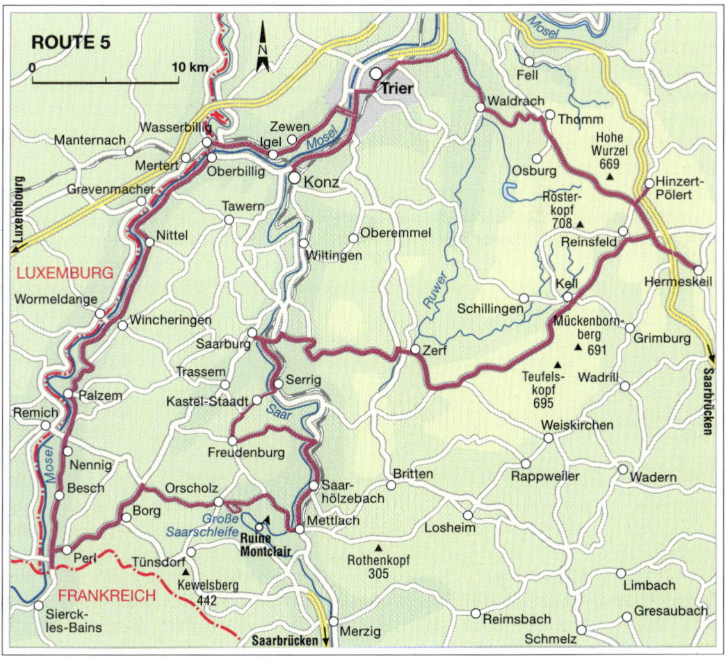

mit Wasserbillig eins war. Verbunden sind die beiden Orte mit einer Fähre. Der Fährbetrieb bestand schon zu französischer Zeit – 1810 vermerkte ein Vertrag, daß „ein nicht in der Gemeinde Wohnender für das Übersetzen drei Centimes bei Tage und bei Niedrigwasser und das Doppelte bei Nacht und bei Hochwasser zu zahlen hat".

Nach dem Übersetzen geht es weiter nach *Nittel,* dem Weinbauzentrum an der Obermosel. Die Rebstöcke tragen hier vorwiegend Trauben der Sorte Elbling. Ein Weinlehrpfad führt durch die Wingerte hin zu den hohen Dolomit- und Kalkfelsen hoch über der Mosel. Mit etwas Glück lassen sich hier versteinerte Seelilien, Meeresschnecken und Krebse finden. Bei *Palzem* passieren Sie das Schloß Thorn, das mächtig über dem Ort thront, dann die Landesgrenze zwischen Rheinland-Pfalz und dem Saarland, und nach wenigen Kilometern erreichen Sie Perl-Nennig.

5

Seite 87

Ⓗ **Weingut Erwin Sauerwein,** Römerstraße 2, 54439 Palzem, ☎ 0 65 83/ 4 44. Der Name täuscht, die ungeschwefelten Weine von Sauerwein sind ebenso wie der Sekt gut trinkbar. Einige moderne Fremdenzimmer. ($)
Weingut Brunnenhof, Römerstraße 14, 54439 Palzem, ☎ 0 65 83/4 52. Weingut mit wenigen, modern eingerichteten Gästezimmern, eigener Weinbau, guter trockener, handgerüttelter Sekt und als Besonderheit auch Anbau von blauem Spätburgunder. ($)

Die größte Sehenswürdigkeit von

Perl-Nennig ist nicht zu verfehlen, der Weg zur *römischen Villa* mit ihren herrlichen ** *Mosaikfußböden* ist gut ausgeschildert. Als der Bauer Peter Reuter in den Herbsttagen 1852 seine Rübengrube aushob, machte er eine erstaunliche Entdeckung. Bunt glitzerten Steine am Grund der Grube, ein Bild war zu erkennen. Er verständigte den damaligen Besitzer des Schlosses Thurn, Herrn von Musiel, der wiederum den Trierer Domkapitular von Wilmowsky benachrichtigte. Fachleute kamen, trugen vorsichtig das Erdreich ab und standen am Ende staunend vor einem der schönsten Mosaiken, die je nördlich der Alpen gefunden wurden. Seit 1960 ist der Steinteppich in der alten Villa – die Grundmauern grub man ebenfalls aus – restauriert zu bewundern. 10,30 x 15,65 m ist er groß; neben ursprünglich acht – heute leider nur noch sieben – Bildfeldern sind schöne Ornamente zu bewundern. Gladiatorenkämpfe lieferten die Motive für die Bilder. Zwei mit Peitschen bewaffnete Männer verjagen gerade einen Bären, der einen gestürzten Kämpfer zerfleischen will, zwei andere Gladiatoren gehen mit Peitschen und Stöcken aufeinander los, wieder andere sind mit Speeren bewaffnet. Der Besitzer der Villa muß reich gewesen sein, wovon nicht nur die erhaltenen Mosaiken künden. Bei Ausgrabungen stellte man fest, daß allein die Villa 140 m lang war. Dazu kamen Nebengebäude, in denen es u. a. ein etwa 65 m² großes Schwimmbecken gab.

In Perl selbst führt eine Brücke über die Mosel nach Luxemburg hinüber. Der Ort auf der anderen Seite heißt *Schengen* – richtig, es ist der, nach dem das Abkommen benannt wurde, das uns erlaubt, ohne Grenzkontrolle beispielsweise in Luxemburg oder Frankreich einzureisen. Perl ist auch Grenzort nach Frankreich.

Wer alle Routen fährt, hat den deutschen Teil des Flußlaufes vollständig kennengelernt, aber was wäre eine Moseltour ohne die beiden Nebenflüsse Saar und Ruwer? Über die B 407 geht es ein kurzes Stück in Richtung Saarburg, dann zweigt die B 406 nach Mettlach-Orscholz ab. Dort sollten Sie auf die Ausschilderung zur Saarschleife achten. Alternativ zur Straße führt auch ein Wanderweg zur *Cloef,* wie der Aussichtspunkt über der ** *Saarschleife* heißt. Cloef leitete sich wohl vom keltischen clep (Klippe) ab – sehr passend, denn hier steht man etwa 150 m über der Saarschleife, der vielleicht schönsten Stelle des ganzen Saarlands.

Mettlach ist nicht nur wegen seiner Lage im malerischsten Abschnitt des Saartals ein interessantes Ziel: Die Stadt wirbt mit Kirchen, Klöstern und Keramik. Um eine bereits im 7. Jh. erbaute *Benediktinerabtei* entwickelte sich auch die Ansiedlung. Im ehemaligen Klosterbezirk stehen auch heute die wichtigsten erhaltenen Bauten von Mettlach: es sind der Alte Turm, der Rest einer Grabkirche für Liutwin, den Begründer des Klosters, und das Klostergebäude aus dem 18. Jh. Der achteckige Alte Turm stammt aus dem 10. Jh., architektonisches Vorbild soll die Pfalzkapelle Kaiser Karls des Großen gewesen sein. Beachten Sie die Arkaden im ersten Stock; sie stammen aus romanischer Zeit, besonders die Säulenabschlüsse sind fein gearbeitet. Ein späterer gotischer Anbau ist der kleine Treppenturm.

Direkt an der Saar liegt das barocke Hauptgebäude des ehemaligen *Benediktinerklosters*. Es ist ein Hauptwerk des Baumeisters Christian Kretzschmar. Die Französische Revolution vertrieb die Mönche, das Kloster wurde versteigert. 1809 wurde eine Werkstatt mit 30 Arbeitern eingerichtet. Jean-François Boch war der Chef des neuen Unternehmens, Gebrauchskeramik sein Produkt. Damit führte er eine Familientradition fort, denn sein Vater hatte bereits in Frankreich und in Luxemburg derartige Manufakturen aufgebaut. Im Saarland war die Konkurrenz groß, denn 1791 hatte der Lothringer Nicolas Villeroy in Wallerfangen eine Werkstatt für Porzellan aufgemacht.

1836 beendeten die Unternehmen ihren harten Wettbewerb. Sie schlossen sich zur Firmengruppe Villeroy & Boch zusammen, und diese wurde erfolgreich. Bald hatte sie eine imponierende Kundenliste: Kaiserin Maria Theresia von Österreich benutzte Porzellan aus Mettlach; die Mosaiken im Kölner Dom stammen ebenso von hier wie die Fliesen des Bolschoi-Theaters in Moskau. Das Barockkloster ist immer noch der Hauptsitz der Firma, der Alte Turm ihr

Ein Römermosaik von Perl-Nennig

Mettlach: Alter Turm

Bei Villeroy und Boch (Mettlach)

5

Seite 87

Signet. Im Klostergebäude hat die Firma ein *Keramik-Museum* eingerichtet, das über die Firmen- und Keramikgeschichte informiert. ⏲ Mo–Fr 9–12, 14–17, Sa 10–13 Uhr.

ℹ Saarschleife-Touristik, Freiherr-vom-Stein-Straße 64, 66693 Mettlach, ☎ 0 68 64/83 34.

Ⓗ **Hotel-Restaurant Zur Saarschleife,** Cloefstraße 44, 66693 Mettlach-Orscholz, ☎ 0 68 65/17 90. Familär geführtes komfortables Hotel mit Hallenbad, Sauna, Solarium, Tennisplätzen und Kegelbahn. $$
Die **Jugendherberge** liegt im Ortsteil Dreisbach, unweit der Saarschleife. Eine Busverbindung besteht zur Innenstadt. Die Herberge hat 133 Betten, allerdings keine Familienzimmer.
Jugendherberge Dreisbach, „Zur Saarschleife", Herbergstraße 1, 66693 Mettlach-Dreisbach, ☎ 0 68 68/2 70.

5

Seite 87

Ab Mettlach folgt die Route zunächst der Saar abwärts. Daß Rhein und Mosel zwei ungemein romantische Flüsse sind, wird jeder zugeben, aber die Saar kann auf dem Stück zwischen der Saarschleife und Saarburg durchaus mithalten. Von der Cloef an muß sich der Fluß durch die Ausläufer des Hunsrücks, den sogenannten Schwarzwälder Hochwald, hindurchzwängen. Steil fallen die Buntsandsteinfelsen zur Saar hinab, der Wald reicht bis ans Ufer, immer wieder schlägt der Fluß einen neuen Bogen, um dem Mittelgebirgszug auszuweichen. Rechter Hand folgt bald Mettlach-Saarhölzbach; dort sollte man den ** *Vogelfelsen* besteigen. Die Wanderung hinauf dauert eine halbe Stunde. Seine Aussicht steht der von der Cloef in nichts nach, weit reicht der Blick über Fluß und Wälder.

Die nächste Möglichkeit, die Saar zu überqueren, bietet die Brücke bei Taben-Rodt. Hier bietet sich ein Abstecher über *Freudenburg* nach Kastel-Staadt an. Der kleine Ort Freudenburg entstand um die gleichnamige Burg aus dem 14. Jh. herum, die heute eine eindrucksvolle Ruine ist. – In **Kastel-Staadt** erhebt sich auf dem linken Saarufer mit der *Klause* von Kastel ein architektonisches Schmuckstück: Im 16. Jh. baute sich ein französischer Eremit hier seine Zufluchtstätte. Er errichtete in den Höhlenkammern eine Kirche. 1835 ließ der preußische König Friedrich Wilhelm IV. diese Stätte von seinem Baumeister Friedrich Carl Schinkel als Grabkapelle für den blinden König Johann von Böhmen erweitern. So entstand ein romantischer Platz, ein eindrucksvolle Mischung aus Landschaft und Architektur. Schinkels Bau im Stil der Romanik paßte sich wunderbar dem hoch aufragenden Felsen an. Der Sarkophag in der *Grabkapelle* ist heute leer. Johann von Böhmen gehört mit Sicherheit zu den Monarchen, deren Gebeine am häufigsten umgebettet wurden. Heute hat er seine letzte Ruhestätte in der Kathedrale von Luxemburg gefunden. Der böhmische König Luxemburger Herkunft war 1346 auf dem Schlachtfeld gestorben. Er wurde zunächst in Luxemburg beigesetzt, dort aber bis 1744 bereits viermal umgebettet. Als 1794 französische Revolutionstruppen das Kloster Neumünster in Luxemburg bedrohten, gaben die Mönche die Gebeine an einen Bäkker, der sie auf dem Speicher seines Hauses vier Jahre lang versteckte und sie dann zu der Porzellanmanufaktur der Familie Boch in Luxemburg brachte. Als Johann Franz Boch (s. S. 89) nach Mettlach kam, führte er im Gepäck auch die Königsgebeine mit. Friedrich Wilhelm IV. erfuhr davon, und da er entfernt mit Johann verwandt war, beschloß er, eine würdige Grabstelle erbauen zu lassen.

Zurück geht es wieder zur Saar, über die Brücke auf die rechte Flußseite und weiter flußabwärts. Bald ist *Serrig* erreicht, auch „das Tor zum Saarwein" genannt, weil man hier die ersten Rebflächen saarabwärts findet.

* **Saarburg** (6000 Einw.) ist ohne Zweifel die romantischste Stadt an der Saar. Ineinander verschachtelt drängen sich die Häuser am Saarufer zusammen,

Dicht an dicht stehen die Saarburger Häuser am Ufer

überragt werden sie vom der Saarburg, die dem Ort den Namen gab, und mittendrin beginnen auch schon die Weinberge. Der Ort entwikkelte sich um die *Burg,* die in einer Urkunde von 964 erstmals als Saarburch erwähnt wurde. Sie gehörte die meiste Zeit zu Trier, wurde aber in ihrer Geschichte, vor allem ab dem 16. Jh., verschiedene Male erobert und zurückerobert. Mitte des 18. Jhs. war nur noch eine Ruine übriggeblieben. Ein Beschluß, sie niederzureißen, wurde glücklicherweise nie ausgeführt, und 1860 gelangte die Ruine in den Besitz der Stadt Saarburg – 325 Taler mußte diese damals dafür zahlen.

Die Saarburger Altstadt mit dem Wasserfall

Steigen Sie zunächst die 107 Stufen hoch zur Aussichtsplattform der Burg und genießen Sie den Blick über Saar und Städtchen. Das geht auch bei einem exzellenten Essen im *Burgrestaurant,* $)), Mo und Di geschlossen. Danach ist ein Bummel durch die Gassen angesagt. Man sieht, daß Saarburg jahrhundertelang eine reiche Stadt (Stadtrechte 1291) war: Die *Fachwerkhäuser* sind groß, einzelne barocke Steinhäuser geradezu prächtig. Wehrhaft sind die erhaltenen Türme der *Stadtmauer,* romantisch die stillen Winkel entlang der Leuck, die hier in die Saar mündet. Eine besondere Attraktion ist der Wasserfall, der mitten im Ort 20 m tief über eine Kaskade herabstürzt. Wasserfall und Bachlauf wurden künstlich angelegt. Bis ins 13. Jh. floß der Bach am Städtchen vorbei und speiste die Fischteiche und Gräben der Burg, dann entschloß man sich, ihn umzuleiten, um im Dorf genügend Löschwasser für Brände zu haben.

Saarburg: Pfarrkirche St. Laurentius

Die *Pfarrkirche St. Laurentius,* unübersehbar im Zentrum, ist kurios anzusehen, denn in den Bau von 1563

5

Seite 87

wurden im Jahre 1856 Doppeltürme integriert. Das ist an sich nichts Besonderes, auffallend sind jedoch die Größenverhältnisse: Die beiden Türme erscheinen winzig neben dem hohen Langhaus. Im Innern sollten Sie sich die Holzplastik der Traubenmadonna aus dem 16. Jahrhundert ansehen, ein Motiv, das auch in vielen Moselkirchen vorkommt.

Die größte Attraktion Saarburgs zum Schluß: die *Glockengießerei*. Seit 1770 werden in Saarburg Glocken gegossen, seitdem befindet sich auch die Gießerei in Familienbesitz. Der Betrieb kann sogar besichtigt werden (bitte im Verkehrsamt nachfragen).

ℹ Verkehrsamt Saarburg, Graf-Friedrich-Straße 32, 5433 Saarburg, ☏ 06 58 21/8 12 15.

5

Seite 87

Ⓗ Ⓡ **Hotel Saarburger Hof,** Am Fruchtmarkt, 54439 Saarburg, ☏ 0 65 81/21 94. Das erste Haus am Platz ist ein familiär geführtes Hotel mit einem sehr guten Restaurant. Guter Weinkeller mit allein mehr als 100 Rieslingweinen von der Saar. ($))
Hotel-Restaurant Zunftstube, Am Markt 11, 54439 Saarburg, ☏ 0 65 81/36 96. Kleines und gemütliches Haus im Zentrum – nur 6 Doppel- und 2 Einzelzimmer, rustikales Restaurant. ($))
Ferienwohnung Pension Kunoweiher Hof, 54439 Saarburg, ☏ 0 65 81/31 71. Das Richtige für Familienferien: Ruhig gelegener Hof mit Pferden, Groß- und Kleinvieh, etwas abseits der Stadt. Ferienwohnung sowie Zimmer, Aufenthaltsraum, Liegewiese, Grillplatz und Tischtennis, Fahrradverleih und Reitmöglichkeit, ($)

Ⓗ **Pension Maria Haase,** Im Staden 104, 54439 Saarburg, ☏ 0 65 81/27 59. Ruhig gelegene kleine Pension in der Nähe der Schiffsanlegestelle und der Glockengießerei. ($)
Die **Jugendherberge** mit 102 Betten liegt auf einem Bergrücken hoch über der Saar. Bottelter Str. 8, 54439 Saarburg, ☏ 0 65 81/25 55.

Über die Hunsrückhöhenstraße geht es weiter in Richtung Zerf. Etwa 20 km sind es von Saarburg bis zum Ferienort *Kell*. Der nahegelegene Stausee lädt zum Angeln und zu allen Arten von Wassersport ein. Dazu kommen ein Kneipp-Hotel, Sportplätze, jede Menge Wanderwege, ein Freibad – alles, was das Urlauberherz begehrt, sogar ein komplettes Feriendorf.

ℹ Verkehrsamt, Alte Mühle, 54427 Kell, ☏ 0 65 89/10 44.

Die Hunsrückhöhenstraße kreuzt bald die Bundesstraße 52 und führt dann weiter unter der Autobahn hindurch. Dort ist es auch schon ausgeschildert, das private

Flugzeugmuseum Hermeskeil von Leo und Peter Junior, ein Museum, das Technikfreunde begeistert. Es zeigt in drei Hallen und auf dem ausgedehnten Freigelände 78 Flugzeuge. Die neuesten Errungenschaften sind zwei Passagiermaschinen sowjetischer Bauart, eine Iljuschin IL-18 und eine Tupolew TU-134 der früheren DDR-Fluggesellschaft Interflug. Ältere Flieger sind die berühmte Junkers Ju 52, die 1932 gebaut und aufgrund ihrer Zuverlässigkeit sehr geschätzt wurde, und die eher gefährlich unzuverlässige Lockheed F104, besser als Starfighter bekannt. Kaffee und Kuchen gibt es in einem Café, das in einer aus 80 Tonnen Stahl detailgetreu nachgebauten Concorde eingerichtet wurde.

ℹ Flugausstellung Junior, 54411 Hermeskeil, ☏ 0 65 03/76 93, 🕒 April bis 2. November, tägl. 9–18 Uhr.

Jugendherberge Hermeskeil, Adolf-Kolping-Straße 4, 54411 Hermeskeil, ☏ 0 65 03/30 97, insgesamt 105 Betten und 6 Familienzimmer.

Zurück geht's auf der B 52 in Richtung Trier, wo nach wenigen Kilometern die Landstraße nach Trittenheim abzweigt. Der Weg führt zur *Gedenkstätte* des ehemaligen SS-Sonderlagers/Konzentrationslagers Hinzert. Eine kleine Kapelle und ein Ehrenmal erinnern an die

Opfer. 200 Menschen aus neun Nationen wurden auf dem kleinen Friedhof begraben, allein 64 von ihnen stammten aus dem Nachbarland Luxemburg. „Ihr seid nicht vergessen“ erinnert auf luxemburgisch eine Tafel neben dem Kapelleneingang an sie. Hinzert war ursprünglich ein sogenanntes „Arbeitserziehungslager“ für „Arbeitsscheue“ mit begrenzter Haftdauer von sechs bis acht Wochen, wurde aber ab 1940 zum Leidensort vorwiegend verschleppter Luxemburger, hauptsächlich junger Polizisten. Die hierhin deportierten Franzosen bekamen die Buchstaben HN aufgemalt, Hundenation hieß das für die SS-Schergen. Insgesamt waren 600 bis 800 Menschen hier eingekerkert. Damit war Hinzert ein kleines Lager, was der SS eine besonders starke Kontrolle ermöglichte. Die Häftlinge mußten Zwangsarbeit leisten, zum Beispiel schwere Erdarbeiten.

Saarburg: Die Altstadt am Lenkbach . . .

Weiter führt der Weg in Richtung Trier. Bei Thomm geht es ab in Richtung Waldrach, dort erreichen Sie dann das Tal der Ruwer. Bei *Waldrach* beginnt auch das Weinbaugebiet im Ruwertal. Der Ort selbst ist ein klassisches kleines Weindorf; viele Güter hier gehörten früher den Stiften und Klöstern aus dem nahen Trier. So verwundert es nicht, daß die kleine Kirche des Dorfes ein sehenswertes Grabdenkmal besitzt. Es wurde 1575 vom Trierer Bildhauer Hans Ruprecht Hoffmann für den Dechanten Dietrich von Enschringen geschaffen.

. . . und eine charakteristische Fassade

5

Seite 87

Wer gut zu Fuß ist, kann einen etwa 15 km langen schönen Wanderausflug zur Riveris-Talsperre (inkl. Umrundung) machen. Weniger Sportliche können mit dem Auto bis zur Talsperre fahren. Entlang der Ruwer führt die Landstraße bis zur Mündung des Flusses in die Mosel im Trierer Ortsteil Ruwer. Von hier aus ist es nicht mehr weit bis zum Zentrum der Domstadt.

Friedhof der Gedenkstätte Hinzert

Praktische Hinweise von A–Z

Information

Informationen über die einzelnen Urlaubsorte erhält man vom jeweiligen Fremdenverkehrsverein (Adressen im Routenteil). Umfassende Informationen erteilen:

für das gesamte Moselgebiet der Fremdenverkehrs- und Heilbäderverband Rheinland-Pfalz, Postfach 14 20, 56011 Koblenz, ☎ 02 61/3 10 79, 📠 1 83 43 und die Moselland-Touristik GmbH, Gestade 12–14, 54470 Bernkastel-Kues, ☎ 0 65 31/20 91, 20 92, 📠 20 93;

für das Saarland der Fremdenverkehrsverband Saarland e.V., Dudweiler Straße 53, 66111 Saarbrücken, ☎ 06 81/3 53 76;

für Luxemburg das Luxemburgische Verkehrsamt, Adenauerallee 108, 53113 Bonn, ☎ 0228/22 05 86;

für Frankreich das Französische Fremdenverkehrsamt, Westendstraße 47, 60325 Frankfurt/Main, ☎ 0 69/7 56 08 30.

Notrufe

In Deutschland: Polizei ☎ 110, Feuerwehr ☎ 112.

In Frankreich: Polizei ☎ 17, Feuerwehr ☎ 18.

In Luxemburg: allgemein ☎ 012.

Pannenhilfe

Über die bundesweit einheitliche Rufnummer 0 18 02/22 22 22 ist die Pannenhilfe des ADAC rund um die Uhr zu erreichen.

Paßvorschriften

Laut Schengener Abkommen finden zwischen Frankreich, Luxemburg und Deutschland keine Personenkontrollen mehr statt. Die Mitnahme des Ausweises ist aber zu empfehlen, da Kontrollen dennoch nicht ausgeschlossen sind.

Souvenirs

Im Moselraum gibt es zwar viele Andenkenläden, wirklich schöne Erinnerungsstücke sind aber selten. Doch können Besucher auf eine Riesenauswahl flüssiger Andenken zurückgreifen. Auch geschmackvolle Gläser gibt es oder schön gearbeitete Zierkorken mit einem Halbedelstein besetzt.

Schmuckstücke in einer Riesenauswahl lassen sich besonders gut in Idar-Oberstein erwerben.

Die ältesten Mitbringsel sind römische Münzen, die auch heute noch häufig an der Mosel gefunden werden und daher auch in vielen Orten, besonders um Trier, zu kaufen sind. Meistens sind es lediglich Kupferstücke, für eine echte Sibermünze muß man schon ordentlich was anlegen.

Wer einen eigenen Garten hat, sollte es vielleicht auch mit Weinstöcken versuchen. Vor allem im Frühjahr werden überall Setzlinge verkauft.

Veranstaltungen

An Freizeitvergnügungen herrscht kein Mangel. Der Veranstaltungskalender der meisten Orte ist während der Saison prall gefüllt. Einige größere Feste sind im Kultur-Kapitel aufgeführt; wer mehr Informationen braucht oder ganz genau wissen möchte, wann in „seinem“ Weinort das große Fest steigt, sollte sich an den Fremdenverkehrs- und Heilbäderverband Rheinland-Pfalz, Postfach 14 20, 56011 Koblenz (☎ 02 61/3 10 79, 📠 1 83 43) wenden. Der gibt einen Veranstaltungskalender heraus, in dem (fast) alle Feierlichkeiten aufgelistet sind. Gute Quellen sind ansonsten die lokalen Tageszeitungen.

Register

Orts- und Sachregister

Alf 62
Alken 51

Bad Bertrich 62
Ballonfahren 25
Bauernhöfe 28
Beilstein 58
Bernkastel-Kues 78
Biehl, Historische Wasserschleife 76
Brodenbach 52
Bruttig-Fankel 58
Bullay 62
Bundenbach 76
Burgen
- Arras 62
- Eltz 53
- Landshut 79
- Pyrmont 53
- Thurandt 51

Calmont 61
Camping 28
Cloef 88
Cochem 56

Dortebachtal 56
Drachenfliegen 24

Ediger-Eller 60
Enkirch 66
Erbachklamm 52
Erlebnisbäder 25

Fallschirmspringen
Ferienhäuser 28
Ferienwohnungen 28
Fischbach 74
Freudenburg 90

Hatzenport 52
Hermeskeil 92
Herrenberg, Schiefergrube 76
Herrstein 74
Hinzert 92
Hotels 28
Hunsrückhöhenstraße 70

Idar-Oberstein 71 ff.
Igel 87
Information 94

Jugendherbergen 28

Kastel-Staadt 90
Kloster Stuben 61
Klotten 56
Klüsserath 84
Kobern-Gondorf 50
Koblenz 29 ff.
- Alte Burg 34
- Balduinbrücke 34
- Basilika St. Kastor 31
- Deutsches Eck 30
- Deutschherrenhaus/ Museum Ludwig 30
- Festung Ehrenbreitstein 35
- Florinskirche 32
- Florinsmarkt 32
- Kurfürstliches Schloß 35
- Landesmuseum 36
- Liebfrauenkirche 34
- Mittelrhein-Museum 33
- Plan 34
- Schängelbrunnen 34
- Weindorf 34
Konz 86
Kröv 69

Lieser 82

Maifeld 53
Marienburg 63
Mehring 85
Mettlach 89
Mont Royal 68
Morbach 70
Moselkern 53
Münstermaifeld 52

Neumagen-Dhron 82
Nittel 88
Notrufe 94

Palzem 88
Pannenhilfe 94
Paßvorschriften 94
Pensionen 28
Perl-Nennig 88
Picsport 82
Pommern 56
Prinzenkopf 63

Radfahren 24
Rhaunen 77
Roscheider Hof 86

Saarburg 90
Saarschleife 88
Saufbähnchen 26
Schengen 88
Schmidtburg 77
Schweich 85
Souvenirs 94
Springiersbach 66
Straußwirtschaften 23

Takenplatten 19
Traben-Trarbach 66
Treis-Karden 54
Trier 37 ff.
- Amphitheater 45
- Diözesanmuseum 42
- Dom St. Peter 41
- Dombezirk 40
- Dreikönigshaus 40
- Frankenbrunnen 40
- Kaiserthermen 43
- Karl-Marx-Museum 46
- Kurfürstliches Palais 42
- Liebfrauenkirche 41
- Marktkirche St. Gangolf 40
- Marktkreuz 40
- Palastaula 42
- Petrusbrunnen 40
- Porta Nigra 38
- Rheinisches Landesmuseum 42
- Römerbrücke 45
- Rotes Haus 40
- Schatzkammer der Stadtbibliothek 43
- Simeonkirche
- Simeonstift 39
- Spielzeugmuseum 46
- St. Matthias 46
- St. Paulin 46
- Städt. Museum Simeonstift 40
- Steipe 40
- Zurlauben 46
Trier-Pfalzel 85

Trittenheim 82
Trutz-Eltz 54

Ürzig 69

Veranstaltungen 94
Vogelfelsen 90

Waldrach 93
Wandern 24
Wassersport 25
Wegkreuze 19
Wildenburg 70
Wildpark 57
Winningen 48

Zell 64
Zeller Hamm 63
Zeltingen-Rachtig 69

Personenregister

Adelbero von Luxemburg 80
Adenauer, Konrad 69
Andres, Stefan 18,20, 84
Arnim, Achim von 20
Arnold, J. 46
Augustus 38

Balduin von Luxemburg 16, 34, 38, 66
Beomund II. 80
Binding, Rudolf 18, 58
Brentano, Clemens 20

Clemens Wenzeslaus, Kurfürst 35

Decimus Magnus Ausonius 7, 18
Diether von Nassau 33
Dietz, Ferdinand 46
Drusus 29

Eisenhower, Dwight D. 69
Erasmus von Rotterdam 19
Erembert, Fürst 36

Freund, Franziskus 65

Gaius Julius Caesar 16, 38, 38
Gerhart von Ryle 65
Görres, Johann Joseph 20, 34
Grosz, George 33

Hatto, Erzbischof 52
Heinrich II. 16
Heinrich von Vinstingen 33
Hontheim, Johann Nikolaus von 19
Horch, August 36
Hugo, Victor 54

Konstantin der Große 38
Kretschmar, Christian 46

Liselotte von der Pfalz 17
Loretta von Starkenburg 66
Ludwig XIV. 16, 17
Ludwig XIV. 54
Ludwig, Peter 30

Marcus Gaius Apicius 23
Marx, Karl 20, 44, 45, 46
Metternich-Winneburg, Clemens Fürst von 20
Möhring, Bruno 66

Napoleon 39
Neumann, Balthasar 36,42, 46
Nicolaus Cusanus 18, 80, 81
Nolde, Emil 33

Petrus Mosellanus 19
Poppo, Erzbischof 39

Scheffler, Christoph 46
Schinderhannes 76
Seitz, Johannes 36, 42
Simeon, Mönch 39
Spoerl, Heinrich 18, 58
Stanfield, George C. 34
Stockhausen, Hans Gottfried von 34

Tiberius 30
Trithemius, Johannes 19, 84
Turner, William 19

Viebig, Clara 20

Wilhelm I. 30